LE CHIAVI GENETICHE
IL SENTIERO DORATO

IL GENIO
Guida alla Sequenza di Attivazione

Richard Rudd

GENE KEYS

Questa edizione è stata pubblicata in Gran Bretagna e USA nel 2020 da Gene Keys Publishing Ltd, 13 Freeland Park, Wareham Road, Poole BH16 6FA

Copyright © Richard Rudd 2012, 2017, 2018, 2020
Pubblicato per la prima volta in italiano nel 2024

Tradotto da Maria Teresa Frezet, Pasquale Florio, Kristine Beeckman e Stefania Vecchia.

Tutti i diritti sono riservati. Nessuna parte di questo libro può essere riprodotta o utilizzata in qualsiasi forma o con qualsiasi mezzo, elettronico o meccanico, senza previa autorizzazione scritta degli editori.

Richard Rudd

IL SENTIERO DORATO DELLE CHIAVI GENETICHE
IL GENIO
Guida alla Sequenza di Attivazione

Formato Tascabile ISBN 978-1-913820-90-9
Formato Rilegato ISBN 978-1-913820-81-7
Formato Kindle ISBN 978-1-913820-63-3

Il contenuto di questo libro è puramente ispirativo e può essere utilizzato per un viaggio personale di indagine ed esplorazione. Non deve essere preso alla leggera. Va utilizzato con la consapevolezza che né l'editore né l'autore si impegnano a fornire alcun tipo di consulenza psicologica o professionale in qualsiasi forma o modo. Il contenuto del corso è unicamente espressione e opinione dell'autore stesso – non necessariamente dell'editore – e tale contenuto non comporta nessuna forma di garanzia espressa o implicita. Gli editori non si assumono alcuna responsabilità per l'utilizzo dei contenuti.

genekeys.com

INDICE

1. INTRODUZIONE — 1
2. I QUATTRO DONI PRIMARI — 31
3. LA SFERA DEL COMPITO DI VITA — 51
4. LA Via DELLA Sfida — 63
5. LA SFERA DELL'EVOLUZIONE — 69
6. LA Via DELLA RIVELAZIONE — 81
7. LA SFERA DELLA RADIANZA — 87
8. LA Via DELLA STABILITA' — 99
9. LA SFERA DELLO SCOPO — 105
10. LO SCOPO DI VITA — 119

NOTE SULL'AUTORE

Richard Rudd è un insegnante di fama internazionale, nonché scrittore e stimato poeta. Il suo viaggio mistico è iniziato in giovane età quando, non ancora trentenne, ha sperimentato uno stato di illuminazione spirituale per tre giorni e tre notti che gli ha cambiato la vita. Questo ha innescato in lui una grande ricerca spirituale che lo ha condotto in tutto il mondo. Tutti i suoi studi sono confluiti insieme nel 2002, quando ha iniziato a scrivere e ricevere le Chiavi Genetiche – una vasta sintesi che esplora le miracolose possibilità insite nel DNA umano. Ci sono voluti sette anni per scrivere il libro e per comprendere e incarnare i suoi insegnamenti. Oggi Richard continua a studiare e a insegnare le profonde lezioni contenute nelle Chiavi Genetiche.

PREFAZIONE

Stai per iniziare un bellissimo viaggio nello Scopo della tua vita. Tutti vorrebbero sapere perché sono venuti al mondo. Questa domanda è vecchia quanto il mondo. Ma, come scoprirai, lo Scopo della tua vita non riguarda tanto "cosa" fare quanto "come" farlo.

Quello che sei chiamato a fare è di secondaria importanza. Il nostro Scopo primario è vivere bene, vivere con passione, imparare dai nostri errori ed espanderci continuamente oltre i parametri fissati dalla nostra mente o da quella degli altri.

Una vita in cui commettiamo errori e ci assumiamo la piena responsabilità di quegli errori – senza ricorrere al biasimo – è, per certi versi, ancora più ammirevole di una vita di impeccabile moralità.

La crescita è insita nella nostra stessa natura umana. Quindi lo Scopo della tua vita non è qualcosa di prefissato. Si ri-allinea continuamente con il nucleo della tua umanità e con la capacità di perdonare te stesso e gli altri, affinché il fuoco dell'entusiasmo rimanga sempre vivo.

Mi auguro che il tuo viaggio in tale saggezza porti nella tua vita queste intuizioni e questi Doni. Ho scritto questo libro in modo da poter essere accanto a te in qualche modo, mentre navighi tra le Chiavi Genetiche e i misteri del tuo Profilo Ologenetico.

Il libro è stato ideato per accompagnare la prima parte del programma online del Sentiero Dorato (Golden Path). Ti incoraggio quindi caldamente a usarlo insieme al programma, che comprende anche audio, video e guida pratica per sostenerti passo-passo. La vera bellezza del Sentiero Dorato è che non deve essere per forza qualcosa di eccessivo, difatti puoi percorrere questo meraviglioso viaggio contemplativo nelle Chiavi Genetiche assecondando il tuo ritmo.

Infine, mi auguro che l'esplorazione di questo materiale sia di buon auspicio.

L'essenza delle Chiavi Genetiche è la trasformazione della sofferenza del nostro passato nei Doni del futuro, e quindi questa è la nostra più grande Sfida come specie. Grazie per aver avuto il coraggio di fare questo passo pionieristico, e che questo possa ricompensarti in una miriade di modi meravigliosi e inaspettati.

Richard Rudd

1. INTRODUZIONE

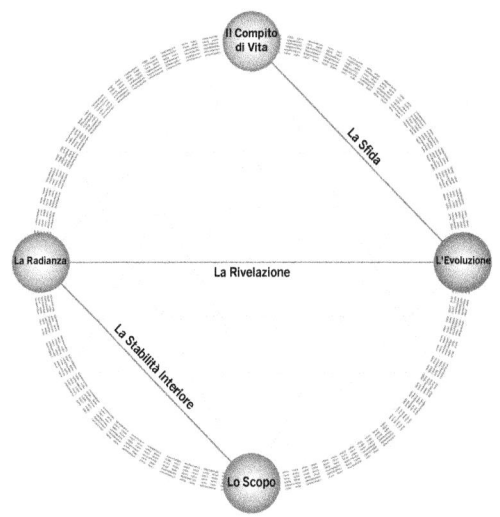

L'I CHING CONTEMPORANEO

L'OCCHIO DI FUOCO

Nelle profondità del tuo Essere c'è un occhio. Quest'occhio è nato quando sei venuto al mondo e cesserà di esistere al momento della tua morte. È l'Occhio di Fuoco.

Quando osservi il mondo attraverso quest'occhio, vedi un mondo di avventure, di eccitazione e di passione. Quando guardi attraverso l'Occhio di Fuoco, tutto è vibrante, mutevole e pieno di potenziale – persino l'aria intorno a te crepita per l'elettricità del tuo anelito.

Attraverso l'Occhio di Fuoco, vivi in un mondo imprevedibile e mutevole fatto di sogni che cambiano continuamente – un momento vaghi spensierato nelle lussureggianti vallate del benessere, e quello dopo barcolli senza speranza attraverso gli aridi deserti del desiderio.

È l'Occhio di Fuoco dentro di te che ti ha portato qui. È il ricercatore interiore, l'investigatore, colui che pensa e sa. L'Occhio di Fuoco ti conduce in una danza attraverso la vita, mentre salti da un'esperienza all'altra. Ti induce ad attraversare i continenti, e ti porta oltre il confine di ogni relazione della tua vita.

L'Occhio di Fuoco non smette mai di sognare ciò che è stato un tempo, o ciò che potrebbe diventare un giorno. Quando osservi la vita attraverso l'Occhio di Fuoco, ti chiedi quale sia lo Scopo della tua vita. Senti che potresti fare di più. Sai che hai tanto da donare ma non sai ancora come donarlo.

Provi un desiderio inarrestabile di realizzare qualcosa che possa adempiere al tuo più alto destino.

L'Occhio di Fuoco sogna in grande. Come una turbina che guida tutto il Genio umano, l'Occhio di Fuoco sa che nella vita ogni cosa è possibile. Nel mondo ha già realizzato moltissimo. È l'Occhio di Fuoco che ha costruito le grandi civiltà e ha portato l'uomo sulla luna.

È lui che guida la nostra evoluzione umana. Coloro le cui vite si sono svolte attraverso l'Occhio di Fuoco sono diventati i nostri grandi eroi ed eroine – grandi statisti, guerrieri, esploratori, inventori e geni le cui esistenze restano per sempre iscritte nella nostra storia.

Come l'energia dell'eterna giovinezza dentro di te, l'Occhio di Fuoco è meravigliosamente dinamico, costantemente affamato e sempre traboccante di speranza. Ma nonostante tutta la sua fertile vitalità e potenza bruta, l'Occhio di Fuoco ha un difetto. È ossessionato da se stesso.

L'Occhio di Fuoco non riesce a vedere oltre la propria necessità di saziarsi.

Come un cane scatenato che insegue la propria coda, non riesce a fermarsi. Indipendentemente da quanto siano grandi i suoi successi nel mondo, l'Occhio di Fuoco non è in grado di trovare la pace interiore.

L'OCCHIO D'ACQUA

Nelle profondità del tuo Essere c'è un altro occhio. Quest'occhio era presente prima che tu nascessi e rimarrà dopo la tua morte. È l'Occhio d'Acqua.

Quando osservi il mondo attraverso quest'occhio, vedi solo ciò che è davanti a te. Quando guardi attraverso l'Occhio d'Acqua, la tua consapevolezza principale poggia sul respiro, sul corpo con i suoi dolci ritmi e sul movimento della vita intorno a te. Quando guardi attraverso l'Occhio d'Acqua, tutta la vita guarda insieme a te e viene verso di te. Attraverso la lente dell'Occhio d'Acqua, tutto è immobile, tranquillo e incommensurabile.

Forse è l'Occhio d'Acqua che ti ha portato qui. Se non sai perché sei qui, allora potrebbe esserci una dolce sorpresa in serbo per te.

L'Occhio d'Acqua non si interessa ai risultati, né tantomeno alla conoscenza o ai sogni. Non gli interessano né lo scopo, né la realizzazione e né il cambiamento. L'Occhio d'Acqua non ha alcun interesse per l'esperienza umana. Raro è l'essere umano che dà spazio nella sua vita all'Occhio d'Acqua. È la cosa più impercettibile tra le impercettibili. È la presenza più sottile, paradossale e misteriosa dentro di te.

L'Occhio d'Acqua è un potere senza forza, senza emozione, senza calore. Se tu consenti alla lente dell'Occhio d'Acqua di dischiudersi dentro di te, inizierai a vedere la tua vita e il mondo in un modo completamente nuovo.

Nel mondo esterno, l'Occhio d'Acqua non ha realizzato nulla. Niente di impattante. Esso passa inosservato. Gli individui, le cui vite si sono svolte attraverso l'Occhio d'Acqua, sono stati generalmente fraintesi e travisati. Non l'hanno scoperto intenzionalmente, perché non può essere inseguito, braccato o perseguito.

Di tutti i misteri nell'universo, soltanto l'Occhio d'Acqua porta la pace interiore. Ma nonostante tutto il suo fascino e la sua meraviglia, nulla di ciò che fai nella vita porterà alla sua apertura. L'Occhio d'Acqua risponde a una cosa solamente.

Risponde a colui che si arrende.

LE CHIAVI GENETICHE E IL SENTIERO DORATO

Mettere il Fuoco sotto l'Acqua

Se sei stato attratto dalle Chiavi Genetiche, allora potresti già sapere che si basano sull'antico codice cinese dell'I Ching – il Libro dei Mutamenti. Questo libro molto misterioso continua a circolare per il mondo in tante forme diverse.

L'uso più comune è come oracolo – uno strumento per fornire una guida delicata in qualsiasi circostanza della vita. In sostanza, l'I Ching è stato concepito affinché tu potessi sintonizzarti sulla presenza di quella sottile saggezza interiore: l'Occhio d'Acqua dentro di te.

Gli antichi Cinesi avevano le loro definizioni per l'Occhio di Fuoco e l'Occhio d'Acqua. Li chiamavano rispettivamente Hsin e Yi. Se protratto nel tempo, l'uso corretto dell'I Ching è di per sé un Percorso spirituale.

Esso ti guiderà ad ascoltare la tua saggezza innata, silenziosa e intuitiva – il tuo "Yi" (l'Occhio d'Acqua) che va oltre i desideri e le aspirazioni umane – il tuo "Hsin" (l'Occhio di Fuoco).

Sfortunatamente, il nostro moderno stile di vita globale è così fortemente sviluppato attorno all'Occhio di Fuoco, che persino l'I Ching è diventato l'ennesimo giocattolo per l'irrequietezza che abbiamo dentro di noi. Non ci rendiamo nemmeno più conto del livello di impegno che l'I Ching richiede ai suoi studenti. Come per la maggior parte dei testi sacri e magici, lontano dal contesto originale, i suoi veri segreti rimangono inaccessibili per la gran parte degli esseri umani di oggi.

È qui che entrano in gioco le Chiavi Genetiche. Esse sono un adattamento contemporaneo dell'I Ching, e il Sentiero Dorato fornisce un mezzo strutturato e disciplinato di contemplazione di tali insegnamenti. Il Sentiero Dorato ti permette di portare le Chiavi Genetiche in profondità nella tua vita quotidiana. È progettato per essere contemplato nel tempo, in modo che tu possa assorbire le sue intuizioni e sperimentare il suo potere di trasformazione.

Il vantaggio di questo approccio è che non devi cambiare granché nella tua vita esteriore. Difatti, adatti questi insegnamenti ai tuoi ritmi quotidiani – e non viceversa.

Col tempo la contemplazione diventa più profonda, e la saggezza vivente che è in te inizia a risvegliarsi a un nuovo livello, portandoti a cambiamenti inaspettati e nuovi panorami. Questo è un processo chiamato Auto-Illuminazione.

Mentre lo contemplerai, il Sentiero Dorato ti ricorderà di arrenderti alla vita. Esso ti incoraggerà costantemente ad ascoltare la sottile saggezza dell'Occhio d'Acqua interiore, e ti aiuterà compassionevolmente a trasformare le molteplici sfide che derivano dal seguire solamente l'Occhio di Fuoco – cioè le tue emozioni e i tuoi desideri. Il potenziale di questo Sentiero Dorato è quello di riportare alla tua memoria il segreto dell'alchimia: cioè che il fuoco va messo sotto l'acqua.

Si tratta di ritrovare l'equilibrio attraverso un processo graduale in cui molti Doni nascosti dentro di te potrebbero venire a galla. In definitiva, il Sentiero Dorato è un ricco viaggio interiore nel profondo mistero del Sé. Dato che è un mistero, non c'è modo di prevedere ciò che potrebbe accadere nella tua vita intraprendendo questo percorso. L'unico modo per scoprirlo è fare un passo avanti coraggiosamente, confidando nella luce interiore che giace già dentro di te.

IL SENTIERO DORATO DELLE CHIAVI GENETICHE

La sezione seguente ti fornirà alcune informazioni importanti di cui avrai bisogno prima di cominciare a lavorare con le tre sequenze che compongono il Sentiero Dorato delle Chiavi Genetiche. Saranno introdotti gli strumenti e la corretta terminologia per la contemplazione e l'indicazione di come utilizzare tali strumenti. Ti aiuterà anche a chiarire la tecnica centrale della contemplazione, offrendoti inoltre una prospettiva spirituale generale sul modo migliore per approcciare le Chiavi Genetiche.

Avvicinandoti per la prima volta alle Chiavi Genetiche, scoprirai che ci sono molti elementi e processi diversi alla base di questa conoscenza. Li esploreremo nella seconda parte di questa introduzione, ma in sostanza tre sono gli elementi essenziali di tale conoscenza:

1. **Le Chiavi Genetiche – la mappa**
2. **Il Profilo Ologenetico – la bussola**
3. **Il Sentiero Dorato – il viaggio**

Prima di iniziare questo viaggio dovrai avere una copia del libro delle Chiavi Genetiche e una copia del tuo Profilo Ologenetico.

IL PROFILO OLOGENETICO

Il tuo Profilo Ologenetico è una mappa personalizzata della conformazione interiore unica della tua coscienza. Il Sentiero Dorato descrive un Percorso di trasformazione attraverso questa mappa. È il tuo Percorso personale nel mistero delle Chiavi Genetiche e, man mano che lo seguirai, nella tua vita potrebbero verificarsi molti cambiamenti.

Puoi scaricare una copia del tuo Profilo Ologenetico individuale dal sito web Gene Keys:
https://genekeys.com/free-profile/?language=it

Il tuo Profilo Ologenetico è calcolato a partire dalla data, ora e luogo di nascita e deriva da un sistema noto come Human Design. Individua le posizioni specifiche del sole e dei pianeti nel momento preciso della tua nascita, e li colloca all'interno di una ruota – o mandala – chiamata Ruota dell'I Ching (I Ching Wheel). Questa Ruota è un antico strumento usato per rappresentare i 64 esagrammi dell'I Ching in una forma a cerchio piuttosto che nella loro forma tradizionale a griglia.

Il tuo Profilo Ologenetico traduce uno specifico momento di imprinting – cioè la tua nascita – in una serie di coordinate nel continuum spazio-temporale. Queste coordinate vengono quindi mappate sui 64 corrispondenti codoni all'interno del tuo DNA. Possiamo dunque utilizzare le Chiavi Genetiche per decifrare il significato archetipico di questi numeri. Anche se può sembrare complesso, in realtà si tratta di qualcosa di molto logico e semplice.

Comprensibilmente, alcuni potrebbero mettere in dubbio la connessione tra le posizioni dei pianeti e la genesi del DNA umano. Tuttavia, quando comprendiamo che l'universo in cui viviamo è olografico, allora riusciamo a vedere che tutti gli schemi nello spazio-tempo sono collegati attraverso un'immensa matrice iper-dimensionale. Pertanto, gli schemi presenti nei cieli sono sempre in diretta connessione con la vita manifesta. Più che di influenza, si tratta letteralmente di un entanglement reciproco a livello quantico.

Il tuo Profilo Ologenetico ti aiuta a vedere la natura delle forze che sostengono il tuo destino. È "ologenetico" perché tutto nel tuo profilo è connesso a tutto, proprio come tutto il DNA all'interno del tuo corpo opera come un singolo campo informativo unificato.

Quando inizi a contemplare le Chiavi Genetiche specifiche nel tuo profilo, attivi gli schemi corrispondenti all'interno del tuo corpo fisico. Questo è ciò che rende così potente il lavoro con il tuo Profilo.

1 - INTRODUZIONE

GLI ELEMENTI DEL PROFILO OLOGENETICO

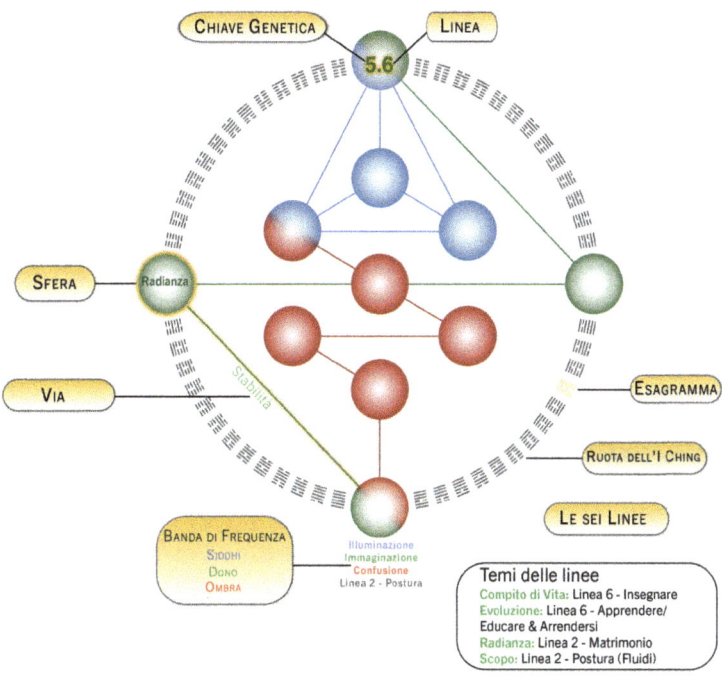

LA TECNICA DELLA CONTEMPLAZIONE

IL SENTIERO DORATO E L'ARTE DELLA CONTEMPLAZIONE

La tecnica centrale che sta alla base dell'intero spettro degli insegnamenti delle Chiavi Genetiche è la contemplazione. È un importante termine da chiarire in quanto ha già diversi significati all'interno di lingue e culture diverse. Nell'introduzione al libro delle Chiavi Genetiche, i tre percorsi classici verso la verità sono ben descritti e sono appunto la meditazione, la concentrazione e la contemplazione.

Poiché la contemplazione è una miscela delle altre due, è importante capire appieno la relazione tra di loro, e ti invito a tralasciare qualsiasi precedente concetto che potresti avere riguardo a queste parole.

LA MEDITAZIONE

Quando parliamo di meditazione, ci riferiamo a più di una semplice tecnica. La meditazione è un Percorso basilare che conduce verso una comprensione spirituale illuminata.

La meditazione è il grande Percorso femminile o "yin", ed è anche noto in alcune culture come "la Via della mano sinistra". Per contro la meditazione comporta principalmente un approccio alla vita con "l'emisfero destro del cervello" – che è olistico anziché riduttivo.

La meditazione nella tradizione buddista è ben rappresentata dalla parola "vipassana" che può essere tradotta come visione profonda. Questo tipo di meditazione si basa sull'osservazione, l'attesa, l'ascolto, l'essere testimoni e il permettere che sia. È anche correlata all'antico spirito del "tantra", che si basa su una visione d'insieme dell'universo.

Dal punto di vista delle Chiavi Genetiche, la meditazione è un Percorso nel quale si accetta semplicemente tutto ciò che emerge nella vita, senza fare nessuna resistenza alla propria natura. Questo è meravigliosamente spiegato nella tradizione Advaita Vedanta, in cui tutto è visto perfetto così com'è. Anche se te ne dimentichi, è sempre tutto perfetto. Se sei arrabbiato, impaziente, sgarbato o avverti un qualsiasi altro stato d'animo negativo, fa tutto parte della perfezione che emerge dalla totalità. Per usare la metafora della vita come un fiume, nella meditazione la tua consapevolezza si siede semplicemente in silenzio accanto al fiume. Tu stai lì a guardare la vita che si svolge, e lentamente, col tempo, osservando l'esistenza senza giudicarla (o anche giudicandola), un nucleo interiore inizia a prendere coscienza di se stesso dentro di te. Man mano che questo nucleo emerge, sei in grado di lasciar andare ancora di più il tentativo di controllare le cose e assecondi la vita. Questo è il Percorso dell'assenza di sforzo e della fiducia profonda.

LA CONCENTRAZIONE

La concentrazione si trova all'estremità opposta dello spettro rispetto alla meditazione. La concentrazione è il sentiero Yang, definito anche come "via della mano destra", la Via dello sforzo. Questa Via è radicata nell'emisfero sinistro del cervello – l'emisfero della logica – che vede la coscienza come un processo di ricerca che si realizza per fasi, col passare del tempo. La concentrazione è correlata allo yoga, nell'uso più ampio del termine. Lo yoga inizia con la premessa che in qualche modo ci si sente tagliati fuori da uno stato di unione. Quindi si inizia a lavorare con lo yoga per ritrovare l'unione, e si parte per un viaggio per recuperare la propria vera natura.

La concentrazione richiede uno sforzo.

In Occidente è sempre stato un Percorso importante: è il cammino per tornare verso Dio, rappresentato dalla Via della preghiera. Un esempio orientale di questo tipo di approccio è lo Zen. Nello Zen, in particolare nella versione Rinzai dello Zen, si sta seduti e si concentra la mente e tutto il proprio Essere su un koan, cioè un paradosso. Alla fine, attraverso quella concentrazione – che può richiedere anni e anni di sforzo – accade una Rivelazione e si scorge la vera natura della realtà.

Esistono molti tipi di yoga: karma yoga, bhakti yoga, mantra yoga – e tutti si dirigono verso la stessa verità; tutti questi sforzi puntano alla verità. Questo è ciò che intendiamo quando parliamo di concentrazione.

LA CONTEMPLAZIONE

La contemplazione è "la Via di mezzo". Prende in prestito elementi sia dalla meditazione che dalla concentrazione. Per alcuni aspetti la contemplazione è una Via che è stata dimenticata. Di tutti gli insegnamenti del mondo, quello più legato all'essenza della contemplazione è il Tao.

Essendo meno facile da definire rispetto alla meditazione e alla concentrazione, a volte sembra un Percorso più nebuloso, e questo è il suo unico svantaggio.

Tuttavia, quando è compreso e praticato correttamente, è un Percorso meno estremo rispetto agli altri due ed è particolarmente adatto alla vita pratica della quotidianità.

La contemplazione usa la pressione costante della concentrazione affinché si creino le condizioni per una svolta.

Tuttavia, la contemplazione è un approccio più gentile della concentrazione e non spinge troppo in nessuna direzione.

Presuppone che una Rivelazione possa avvenire soltanto in uno stato rilassato e giocoso. C'è una famosa storia che racconta di una volta in cui Buddha era intento ad ascoltare un musicista, il quale sosteneva che la corda di uno strumento troppo tirata rischia di spezzarsi, così come una corda troppo molle rischia di non produrre la musica. Da questa intuizione è nata la "Via di Mezzo". Come la Via di Mezzo, anche la contemplazione è una danza tra opposti. Utilizza la costante pressione in modo giocoso, e questo la rende anche un Percorso meno formale rispetto alla concentrazione o alla meditazione.

Nell'introduzione alle Chiavi Genetiche, c'è una metafora sull'essenza della contemplazione. Viene descritta come una piccola custodia di un anello, del tipo che potresti trovare in una gioielleria di lusso. La scatola è rivestita di velluto prezioso e al suo interno custodisce un oggetto di misteriosa bellezza. Tra le innumerevoli pieghe di velluto c'è un piccolo gancio.

Prendi in mano la scatola e la fai roteare delicatamente tra le dita. Non sai in realtà quello che stai cercando, ma ti godi semplicemente la sensazione del velluto morbido mentre le tue dita esplorano la custodia. A un certo punto, trovi il piccolo gancio nascosto e all'improvviso la scatola si apre e rivela il suo tesoro. La contemplazione è una ricerca simile. Non è una ricerca intensa, piuttosto è un giocoso apprezzamento del mistero, in cui ti godi tanto il viaggio quanto le scoperte che avvengono lungo la strada.

Il segreto della contemplazione sta nell'avere qualcosa da contemplare. Deve trattarsi di qualcosa di una certa importanza, tanto da dare consistenza a tale pratica. Le Chiavi Genetiche sono nate con questo scopo.

Per alcuni, la contemplazione può sembrare una parola mentale – e per certi versi lo è. Usiamo la mente per esaminare i misteri delle dimensioni interiori. Ma usiamo contemporaneamente anche altri aspetti del nostro Essere. La contemplazione è una Via ternaria. Noi contempliamo mentalmente, emotivamente e fisicamente.

Approfondendo sempre di più le diverse fasi e sequenze del Sentiero Dorato, vedrai come questi tre livelli di contemplazione si intreccino tra loro.

MODALITA' DI CONTEMPLAZIONE

1. Le Sfere e le Vie

Osservando il tuo Profilo Ologenetico, vedrai che esso è costituito da una griglia di cerchi – o sfere – collegate da una serie di vie e frecce. Alcuni potrebbero notare una somiglianza con gli antichi insegnamenti della Cabala Ebraica. Trattandosi di una sintesi nuova, le Chiavi Genetiche si rifanno a molti grandi sistemi del passato e, combinandoli tra loro, presentano una visione ancora più approfondita della realtà.

Ognuna delle 11 sfere del tuo Profilo rappresenta un aspetto della tua vita da contemplare. Portando la consapevolezza su una particolare sfera e la sua Chiave corrispondente, ti aprirai al potenziale intuitivo e trasformativo che potrà accadere in quel dato ambito.

Ad esempio, mentre contempli la sfera del tuo Compito di Vita, potresti iniziare a comprendere aspetti del tuo passato sotto una nuova luce. Allo stesso tempo, potresti anche cominciare a renderti conto che esiste il potenziale per un futuro nuovo, molto più ampio di ciò che hai creduto finora. Questo cambio di frequenza delle tue credenze è quello che rende le Chiavi Genetiche così potenti.

Esistono inoltre undici vie che collegano tra di loro le undici sfere in una sorta di flusso lineare. Queste vie rappresentano i processi dinamici che sono alla base del tuo destino. A bassi livelli di frequenza, la luce interiore – la forza vitale dentro di te – resta inespressa all'interno di questi canali e l'evoluzione naturale si blocca.

Man mano che approfondisci la contemplazione su ogni sfera, potresti sperimentare con sorpresa periodi di trasformazione – o di Rivelazione – mentre questa luce interiore inizia a fluire nuovamente nella tua vita. Questo processo di auto-illuminazione richiede tempo, contemplazione costante e pazienza. Man mano che la frequenza si alza, inizierai anche a vedere come ogni sfera e Via siano parte di un insieme olografico.

Ad esempio, mentre sperimenti un cambiamento nelle credenze mentali, vedrai questo cambiamento riflettersi nel tuo corpo fisico e nelle tue relazioni.

2. Le Chiavi Genetiche e le Sei Linee

Le 64 Chiavi Genetiche sono il linguaggio di programmazione della coscienza interiore. Contemplando sia le tue Chiavi che quelle che non compaiono nel tuo profilo, stai assorbendo direttamente la verità universale che sta al centro di questi insegnamenti. Inoltre, la storia di ogni Chiave viene focalizzata attraverso una delle sei possibili lenti, note come le Sei Linee. La scoperta delle sei linee arriva direttamente dalla struttura matematica dell'I Ching e dei suoi 64 Esagrammi.

Un esagramma è un simbolo composto da sei linee e ogni linea aggiunge una certa sfumatura alla Chiave Genetica. Se immagini ogni Chiave come una melodia musicale, è come se le sei linee fossero sei toni diversi con cui poter suonare quelle melodie. La stessa melodia produrrebbe un suono differente in funzione del tono, quindi l'importanza di comprendere la linea insieme con la Chiave Genetica non è da sottovalutare.

Imparando a comprendere il tono di ogni Linea, ti sarà più facile applicarlo alle 64 Chiavi Genetiche. Questo significa che ci sono sei linee per ognuna delle 64 Chiavi Genetiche, il che crea 384 storie affascinanti.

L'inclusione delle sei linee è uno degli aspetti che rendono speciale la contemplazione delle Chiavi Genetiche. Devi lasciare che il potere della tua immaginazione e della tua intuizione scorra liberamente attraverso le sei linee. Questo potrebbe portarti a comprensioni sorprendenti e stimolanti. La contemplazione delle Chiavi Genetiche e delle sei linee è un processo di potenziamento, in quanto è qualcosa che impari a fare da solo. Ti permette di spaziare con una certa libertà all'interno del progetto della vita, esplorando quelle potenzialità nascoste che possono risvegliare i segreti che la vita stessa contiene.

L'APPROCCIO DELLE CHIAVI GENETICHE

L'Approccio delle Chiavi Genetiche ci invita a coltivare la nostra umiltà incarnando le quattro qualità che costituiscono il cuore delle Chiavi stesse. Tieni in considerazione questi principi mentre esplori gli Insegnamenti delle Chiavi Genetiche.

Contemplazione: assumersi la piena responsabilità del proprio stato interiore, utilizzando le sfide quotidiane per crescere e trasformarsi.

Ricerca: porsi delle domande introspettive profonde, invitando la saggezza a emergere dall'interno. Coltivare uno stato di presenza silenziosa in tutte le situazioni.

Gentilezza: coltivare un approccio gentile e accogliente verso se stessi e verso gli altri. Incoraggiare uno spirito volto alla distensione e al disapprendere, invece di sforzarsi e correggere.

Pazienza: coltivare la compassione, l'onestà e la curiosità con una fiducia implicita nel processo intrinseco.

IL VIAGGIO
PERCORRERE IL SENTIERO DORATO

Il Sentiero Dorato è un Percorso nelle profondità del mistero. È un Percorso dell'anima, in cui la vita quotidiana diventa la tua più grande musa ispiratrice, ed è un cammino di arricchimento, che allo stesso tempo ti abitua a guardare con intensità il modo in cui vivi. Esso ti chiede di contemplare alcune questioni profonde e talvolta anche dolorose.

Mentre percorri il Sentiero Dorato, ti immergerai in queste tre domande principali:

1. Qual è il tuo Scopo nella vita?
2. Quanto sono appaganti le tue relazioni?
3. Quanto sei integrato nella tua comunità?

Quando gli esseri umani sono in armonia con la creazione, queste tre domande semplicemente non esistono. In sostanza, il Sentiero Dorato descrive il flusso organico della vita quando questa segue ritmi naturali senza fare resistenza. Può darsi che nella storia umana ci siano stati periodi simili, ma il nostro mondo moderno non rispecchia chiaramente una tale condizione. Questo è lo Scopo delle Chiavi Genetiche: aiutare le persone, le relazioni e le comunità a riallineare le loro esistenze con l'armonia più grande – quella della Creazione stessa.

Nell'I Ching originale, la traduzione più comune del 10° esagramma è la parola "treading", cioè "percorrere, procedere". Nelle Chiavi Genetiche, la Chiave corrispondente – la 10ª – è appunto il Dono della Naturalezza. Mentre percorriamo le strade della nostra vita, scriviamo i nostri destini. Più ci allontaniamo dall'essenza della nostra natura, più c'è sofferenza sia per noi che per coloro che ci circondano. E questa sofferenza è fondamentale per noi.

Continua a ricordarci il Percorso più semplice – quello della minor resistenza, il Percorso che ci appartiene in maniera spontanea. Si dice che la cosa più difficile e più facile da fare al mondo sia semplicemente essere se stessi.

Il Buddha si riferiva a questo Sentiero Dorato come alla Via di Mezzo – l'andamento naturale e lo scorrere della nostra evoluzione interiore che si manifestano nel mondo esterno.

Quando dipaniamo il filo del nostro vero destino, il nostro Percorso naturale inizia a farsi evidente davanti a noi e si apre a ogni nostro passo. La nostra consapevolezza interiore lo illumina e dunque, in questo senso, l'esistenza diventa dorata. Percorrere il Sentiero Dorato è un gesto di profonda fiducia in noi stessi. Ci vuole coraggio e una bella dose di "assenza di sapere".

LA STRUTTURA DEL DESTINO

Il destino umano si svolge secondo i suoi tempi e secondo una sua struttura. Il Sentiero Dorato fornisce una struttura che consente di contemplare le Chiavi Genetiche in modo personalizzato, con specifiche Chiavi relative ad alcune aree della nostra vita. Si tratta di un viaggio interiore che intraprenderai per un certo periodo di tempo. Il Sentiero Dorato ha tre fasi archetipiche:

Scoprire il proprio Scopo – Sequenza di Attivazione

Aprire il cuore – Sequenza di Venere

Sbloccare la prosperità – Sequenza della Perla

Ognuna di queste tre fasi si riferisce alle tre domande precedenti relative a scopo, relazioni e comunità e, anche se possono sembrare diverse l'una dall'altra, scoprirai quanto siano profondamente interconnesse.

Indipendentemente dalla fase della vita in cui ti trovi al momento, comprenderai che tutta la tua esistenza è davvero un viaggio nello scopo, nell'amore e nella prosperità.

L'intricato arazzo del tuo destino dipende dalla maestria che metti nell'attuale processo della vita quotidiana.

Intraprendendo il viaggio attraverso queste tre fasi del Sentiero Dorato, avrai la meravigliosa opportunità di cogliere degli aspetti della struttura del tuo destino e di vedere come esso sia intessuto all'interno della materia vivente nel tuo DNA.

APPLICARE LE CHIAVI GENETICHE ALLA TUA VITA

La magia delle Sequenze

Se decidi di percorrere il Sentiero Dorato attraverso le Chiavi Genetiche, ti consiglio di cominciare dal suo inizio naturale, cioè dalla Sequenza di Attivazione e i tuoi quattro Doni Principali.

La magia del Sentiero Dorato ti fornisce una struttura sequenziale da contemplare, che si dipana nel tempo.

Tutta la vita e l'evoluzione seguono sequenze naturali. In ogni caso, le sequenze del Sentiero Dorato non sono percorsi di crescita personale che cambiano chi sei. Sono un mezzo per svelare l'essenza più elevata che c'è in te.

Quindi, quando percorri queste sequenze, è come se stessi disfacendo al contrario l'arazzo della tua vita. È necessario controllare ogni punto di cucitura del tessuto e sciogliere quei nodi e quei passi falsi che hanno causato difficoltà nella tua vita. Così, rivedendo i tuoi schemi genetici, ricrei e riscrivi tutta la tua vita da una lavagna pulita.

Seguire le sequenze richiede tempo. Ti viene chiesto di fare una profonda contemplazione delle tue credenze, dei tuoi comportamenti, dei tuoi pensieri e della natura dei tuoi desideri e sogni.

Le sequenze ti riveleranno tutto ciò che non è allineato con il Tutto, e scarterai quelle parti di te stesso che non servono uno Scopo superiore. Questa è la magia delle sequenze in azione – sono pratiche e ti trasformano.

FASE 1 - SEQUENZA DI ATTIVAZIONE

Radicarsi sul piano fisico

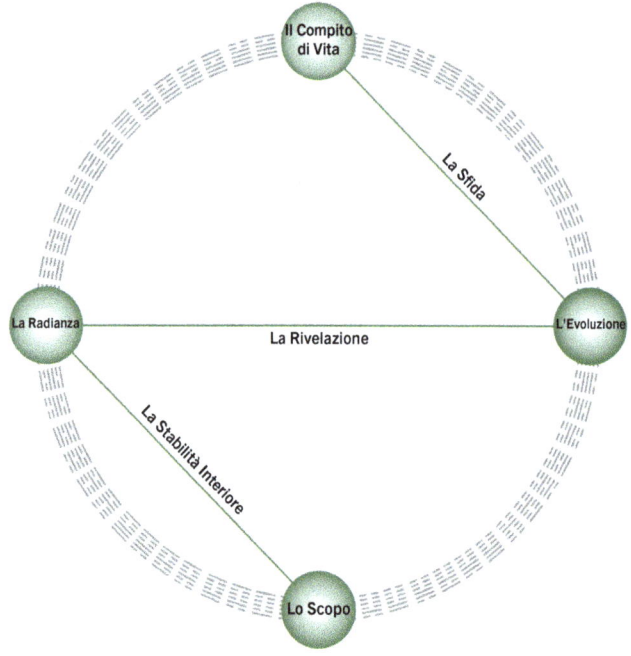

La Sequenza di Attivazione è la più semplice delle 3 sequenze che compongono il Sentiero Dorato. Ha uno Scopo potente: quello di orientarti fisicamente dentro il tuo corpo, al centro del tuo mondo interiore. È una celebrazione della bellezza e della dignità dello stare con se tessi. Mentre contempli le Chiavi Genetiche dei tuoi 4 Doni Principali con le loro dinamiche interiori, attivi questa sequenza dentro di te, e questo crea il presupposto per una svolta nella tua vita.

Continuando a lavorare con le Chiavi Genetiche attraverso le altre sequenze, queste rivelazioni saranno costanti. Per questo motivo, la Sequenza di Attivazione pone le basi per il tuo viaggio di trasformazione.

FASE 2 - SEQUENZA DI VENERE

Navigare nel regno delle emozioni

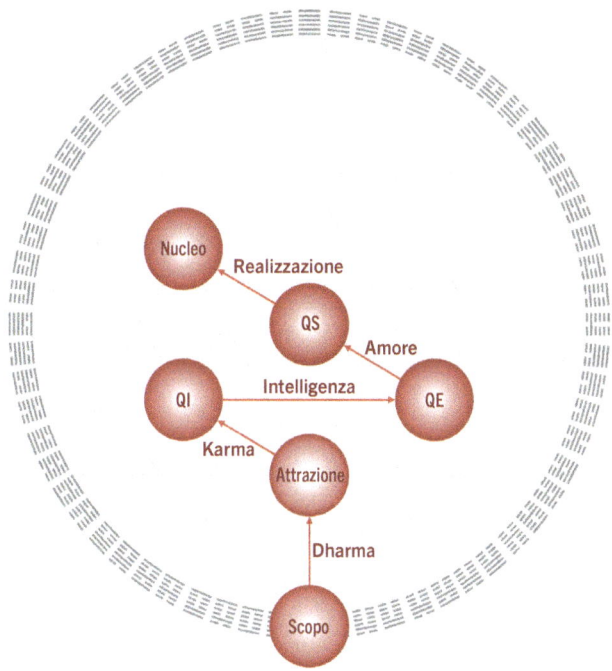

Essendo la più lunga e complessa delle 3 sequenze che contemplerai lungo il Sentiero Dorato, la Sequenza di Venere rappresenta il fulcro di questi insegnamenti. È un viaggio nel cuore e nella ferita che tutti ci portiamo dentro. La Sequenza di Venere riorienta la tua vita a livello emotivo, esplorando i temi genetici del "trattenere e lasciar andare" che sono intessuti nel DNA ancestrale che hai ereditato alla nascita.

Contemplando la tua Sequenza di Venere e le sue Chiavi Genetiche, trasformi le tue relazioni attraverso una maggiore consapevolezza degli schemi che ti impediscono di vivere costantemente col cuore aperto.

FASE 3 - SEQUENZA DELLA PERLA

Vedere con chiarezza sul piano mentale

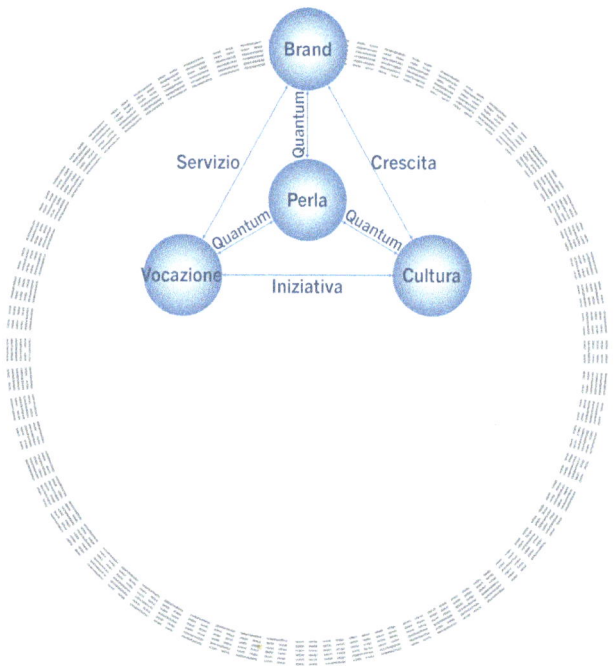

Quando arrivi alla Sequenza della Perla, potresti iniziare a vedere molti aspetti della tua vita sotto una nuova luce. Attivando le frequenze più alte delle Chiavi Genetiche dentro di te, inizia a farsi strada una nuova visione della tua vita. Questa visione arriva come conseguenza naturale, una volta che comprendi e accetti i tuoi schemi emotivi. Dopo che inizi a relazionarti in modo chiaro e onesto con gli altri, i codici del tuo Scopo più elevato cominciano ad attirare nuove opportunità verso di te.

La Sequenza della Perla ti aiuta a vedere esattamente qual è il tuo ruolo nel portare il tuo servizio al Tutto. La Perla ti mostra come utilizzare al meglio i tuoi talenti unici per assicurarti prosperità a tutti i livelli.

Ciascuna delle tre sequenze del Sentiero Dorato fa parte di un mistero che si dispiega man mano, per condurti in un viaggio di trasformazione della tua quotidianità. Sebbene ogni sequenza possa apparire a sé stante, di fatto sono tutte interconnesse. La magia di queste sequenze lineari è che, paradossalmente, danno intensità all'esperienza del momento presente.

LAVORARE E GIOCARE CON LE CHIAVI GENETICHE

Ci sono molti modi di utilizzare le Chiavi Genetiche nella vita quotidiana. Sono un invito per la tua immaginazione. Il Sentiero Dorato è semplicemente uno di questi molteplici modi e, se compreso correttamente, ti porta a un'accelerazione di espansione come potresti non aver mai provato nella vita. Il tempo che concedi a questo processo potrebbe anche lanciarti in una nuova fase della tua esistenza. Pertanto il Sentiero Dorato va percorso con leggerezza ma senza prenderlo alla leggera. Ha la capacità di riportarti bruscamente dentro il tuo centro, nell'impervia e sconfinata santità della relazione con te stesso.

Il Percorso basilare delle Chiavi Genetiche è quello della contemplazione.

Per un periodo di tempo prolungato, assorbi dentro di te le verità delle Chiavi, poi gioca con loro attraverso il potere dell'immaginazione, fino a quando il tuo corpo inizierà a brillare interiormente con una nuova luminosità.

Le Chiavi Genetiche accendono la fiammella che giace dormiente nel tuo nucleo. Infatti, sono una contemplazione sulla luce stessa. Il segreto sta in una contemplazione prolungata. In questo senso, la contemplazione è un'attività che si protrae per tutta la vita. Ciò non significa che devi contemplare le Chiavi Genetiche per il resto della tua esistenza, ma che a un certo punto non ne avrai più bisogno, ed esse si dissolveranno naturalmente quando inizierai a incarnare la verità della loro saggezza nella tua vita quotidiana.

INDIVIDUAZIONE – LO SCOPO DEL VIAGGIO

Come è stato detto in precedenza, il Sentiero Dorato è qui per portare un'armonia più elevata nella tua vita. Si tratta di essere naturali e di guardare la vita attraverso l'Occhio d'Acqua – quella parte di noi che sa sempre percepire e seguire il Percorso di minor resistenza nella vita. L'obiettivo finale del Sentiero Dorato è quello di portarti in uno stato noto come "*Individuazione*":

> *L'Individuazione si riferisce a un processo in cui i diversi aspetti della tua vita – i sogni, le relazioni, la salute, le finanze, la spiritualità – si riuniscono in un'armonia integrata. Un essere umano individuato è una persona la cui vita interiore è in perfetta armonia con la vita esteriore. In una persona di questo tipo, tutto è più semplice. Il potere contenuto nel saper stare con se stessi diventa la fonte della propria forza, ma non isola in alcun modo dalla comunità. Al contrario, sapendo stare con se stessi, i legami all'interno della comunità si rafforzano.*
>
> *In un essere umano individuato, molti stati emotivi vengono processati e trasmutati internamente in maniera naturale, causando molto meno attrito, confusione o perdita di energia nell'ambiente circostante. Questo comporta anche molta più facilità e semplicità in tutte*

le relazioni. Più si diventa individuati, più si diventa efficienti dal punto di vista energetico.

Allo stesso tempo, l'individuazione non significa diventare più "spirituali". Difatti una persona individuata continua a essere pienamente coinvolta nelle sue passioni e in quegli stati d'animo difficili a cui spesso ci riferiamo come "Ombre". La differenza tra un essere umano individuato e un essere umano condizionato è che il primo vive in uno stato di perdono di sé.

L'individuazione dovrebbe essere intesa come una cosa diversa da qualsiasi stato definito come spirituale. Non è la stessa cosa dell'illuminazione o della realizzazione. Piuttosto, è un prerequisito per tali stati.

L'individuazione parla di una maturità interiore in cui l'avida ricerca di verità spirituale dentro di noi si è placata, portando l'intero sistema in un profondo senso di equilibrio e benessere. Quando entriamo in uno stato di individuazione significa che la nostra spiritualità si è interiorizzata. Siamo naturalmente propensi a parlare meno delle nostre intuizioni e a mantenere confini ben delineati attorno a noi, sia emotivamente che psicologicamente. Allo stesso tempo, scopriamo che il mondo ordinario che ci circonda è accogliente e fertile e gli andiamo incontro con un confortante senso di apertura.

L'essere umano individuato raramente si allontana dalla società, poiché è felice di muoversi nel mondo come una persona comune.

L'individuazione è una meta potente e umile a cui arrivare nella vita. Per la mente affamata di esteriorità potrebbe non sembrare qualcosa di eccitante, ma in realtà veicola il segreto della pazienza e della calma che sono ancorate in profondità nel DNA. Essere "individuati" significa anelare al sottile e all'invisibile e allo stesso tempo irradiare la luce della propria umanità.

Percorrere il Sentiero Dorato attraverso le Chiavi Genetiche è una grande avventura. È un'avventura antica con vesti contemporanee. Il suo potenziale è un cambio di vita, ma molto dipende da te che sei il viaggiatore. Sei invitato a portare pienamente nel processo il tuo Sé immaginativo. È un viaggio nella tua esistenza, e più riesci a essere onesto e consapevole con te stesso, più la tua auto-illuminazione sarà profonda.

2. I QUATTRO DONI PRIMARI

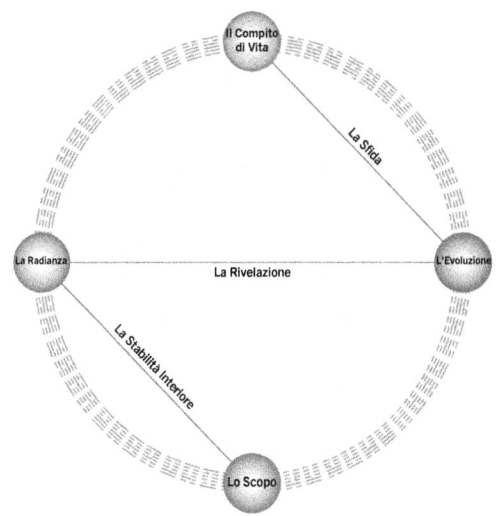

LA SEQUENZA DI ATTIVAZIONE ALLA SCOPERTA DEL TUO GENIO

I QUATTRO DONI PRIMARI

Prima che nascessero le Chiavi Genetiche, ero uno studente di un sistema chiamato Human Design. Senza Ombra di dubbio, parte delle rivelazioni delle Chiavi Genetiche si basano sullo Human Design. In tale sistema, il tema natale contiene le stesse quattro coordinate che si riferiscono appunto ai quattro Doni Primari. Nello Human Design questi sono chiamati "croce di incarnazione" e delineano oltre il settanta per cento di chi sei. Mentre studiavo lo Human Design, mi sono appassionato a queste 4 coordinate e le ho contemplate assiduamente per un po' di anni. Finalmente un giorno, una luce è sorta dentro di me: non si trattava semplicemente di un insieme statico di parametri che descrivono le caratteristiche di un individuo. Si trattava di un codice al cui interno si nasconde un segreto che può essere sbloccato solo con una sequenza, proprio come il lucchetto a combinazione di un caveau.

Come la maggior parte delle persone, adoro il mistero. Nel corso degli anni però ho anche imparato che un mistero può essere svelato, ma mai risolto. Un vero mistero – come la vita stessa – non può essere compreso con la nostra mente logica. Si può risolvere un puzzle, ma un vero mistero no, mai. Tu sei questo mistero. Ci sono molti sistemi che affermano di poter risolvere il mistero di chi siamo. Tentano di incasellarci in categorie, comportamenti e tipologie, ma nessun essere umano può essere suddiviso in questo modo. Noi siamo progettati per essere un mistero.

Sapendo questo, sei libero di esplorare la coscienza senza restrizioni. Non dovrai apprendere nessuna nuova informazione. La contemplazione non riguarda l'apprendimento. Si tratta piuttosto di dischiudere, decomprimere, dispiegare. Esistono delle risposte, ma non esiste una risposta definitiva.

I tuoi quattro Doni Primari sono archetipi viventi che fluttuano all'interno di questo mistero. Si tratta di codici che sono stati impressi, e che fluttuano nell'ologramma spazio-temporale. Come i 64 esagrammi dell'I Ching originale, anche le 64 Chiavi Genetiche sono portali per accedere al nesso dinamico di tutta l'esistenza: il cambiamento. I tuoi Doni Primari sono i semi della tua potenziale trasformazione.

Potrebbero sembrare solo parole stampate su una pagina, ma quando la luce della tua contemplazione le illumina in modo costante, tali parole hanno un effetto reale su di te e cominciano a riprogrammare il modo in cui ti vedi, stai nel corpo e rispondi alla vita.

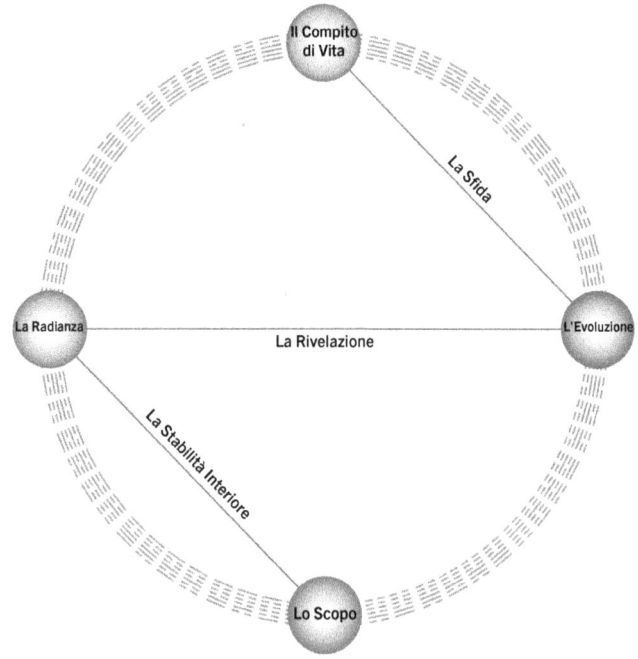

La tua Sequenza di Attivazione rappresenta l'inizio del viaggio nella matrice vivente delle Chiavi Genetiche. È il mezzo pratico per sbloccare lo Scopo più elevato nascosto nel tuo DNA. Questi 4 Doni Primari sono i pilastri del tuo Genio, quindi mentre li contempli, tieni presente che codificano la struttura vivente del tuo destino. Fino a quando non comprenderai davvero ognuna di queste quattro Chiavi Genetiche – il Compito di Vita, l'Evoluzione, la Radianza e lo Scopo – una parte del tuo destino rimarrà ancora dormiente.

Nel Sentiero Dorato, il segreto sta sempre nella sequenza. In genetica, tutto ciò che è dentro di noi è programmato secondo una sequenza e tutto viene sbloccato in sequenza. Tutti i cambiamenti fisici avvengono perché da qualche parte dentro di noi si è attivata una sequenza. Affinché si verifichi un cambiamento cellulare, l'RNA sblocca il DNA a partire da una catena di nucleotidi in sequenza. Tutti i processi della vita funzionano allo stesso modo. L'evoluzione stessa è un codice che si sblocca spontaneamente in sequenze. È al tempo stesso confortante e stimolante pensare che tutti i misteri della vita siano rinchiusi dietro questi codici nascosti.

La scienza sblocca i misteri fisici, ma la contemplazione sblocca quelli spirituali. All'interno della fiorente Rivelazione delle Chiavi Genetiche, tutto inizia da qui, con la Sequenza di Attivazione.

TERMINOLOGIA IMPORTANTE PER LA CONTEMPLAZIONE

Nel corso di questo libro e del viaggio lungo il Sentiero Dorato, ti ritroverai immerso in un campo molto ricco di termini che vibrano ad un'alta frequenza. Questo è uno degli aspetti che rende così potente il lavoro con il proprio Profilo. Contemplando e ritornando più volte su queste parole, esse ti potranno aiutare ad avere più chiarezza e maggiori intuizioni.

A volte, all'interno del testo, incontrerai nuovi termini. La maggior parte di questi termini è definita nel Glossario di Crescita Personale che si trova sul retro del libro "Le Chiavi Genetiche" (dalla seconda edizione in poi), ma molti di essi sono inclusi anche qui, e alcuni sono nuovi.

Invece di raccoglierli in un glossario alla fine del libro (col rischio di dimenticarsi di leggerlo), li ho messi all'inizio. Ogni termine contiene al suo interno un "empowerment" – cioè una modalità potenziante – per cui può essere gratificante leggere e contemplare tali vocaboli. Prima di andare avanti ti consiglio di leggere queste definizioni e lasciarle sedimentare nella tua consapevolezza. Questo sarà un aspetto importante della tua continua pratica contemplativa con le Chiavi Genetiche.

Rilassati, metti un po' di musica e permetti alla frequenza dei termini di diffondersi nella tua coscienza! Inoltre, ti invito a consultare il Glossario completo di Crescita Personale che si trova nel libro de "Le Chiavi Genetiche" – o sul sito (in inglese).

GLOSSARIO DI CRESCITA PERSONALE

Banda di frequenza — Secondo la Sintesi delle Chiavi Genetiche, la frequenza vibratoria dell'aura può essere suddivisa in tre "bande" note come Ombra, Dono e Siddhi. Anche se tali bande contengono vari livelli e ampiezze di banda, la suddivisione in tre rende le Chiavi Genetiche più facili da comprendere, contemplare e, in ultimo, incarnare. Le tre bande di frequenza sono descritte più precisamente nello Spettro della Coscienza, la mappa linguistica delle 64 Chiavi Genetiche con le relative frequenze.

Chiave Genetica — Uno dei 64 attributi universali della coscienza. Ogni Chiave Genetica è un portale multidimensionale che conduce nel sé interiore, la cui unica funzione è quella di attivare il tuo Scopo più elevato e permetterti in ultimo di abbracciare la tua stessa Divinità. Uno dei modi che ti permettono di attivare il tuo Scopo elevato consiste nel contemplare con regolarità le Chiavi Genetiche e le loro relative bande di frequenza.

Concentrazione — Uno dei tre principali percorsi che portano agli stati elevati di Assorbimento e Incarnazione. La concentrazione è il Percorso della mano destra[1] rappresentato dall'antica scienza dello yoga. Utilizza uno sforzo mirato e la forza di volontà per realizzare una serie di trasformazioni volte ad aumentare gradualmente la frequenza della consapevolezza.

Consapevolezza — Un aspetto della coscienza unico in tutte le forme di vita. Nell'essere umano, la consapevolezza può essere suddivisa in tre livelli principali: fisico, emotivo e mentale – anche se in realtà la consapevolezza è sempre una.

Ai livelli di frequenza inferiori, la consapevolezza resta confinata nell'organismo umano: la consapevolezza fisica è

---

(1) corrisponde all'emisfero sinistro (nella versione originale inglese c'è ancora la definizione opposta che però ha ricevuto l'autorizzazione dell'autore per essere rettificata)

radicata nella sopravvivenza e nella paura; quella emotiva nel desiderio e nel dramma; mentre quella mentale nel paragone e nel giudizio. Man mano che innalzi la frequenza in tutto il tuo essere, la consapevolezza si fa più raffinata e si trasferisce dalla realtà locale a quella cosmica. La consapevolezza fisica diventa presenza Divina, la consapevolezza emotiva si trasforma in amore universale e la consapevolezza mentale muta in silenzio e saggezza.

Contemplazione — uno dei tre percorsi principali che conducono agli stati elevati dell'Assorbimento. La contemplazione è la Via centrale, ossia quella che corrisponde al Tao. Ricorre a elementi sia della Concentrazione (sforzo) che della Meditazione (assenza di sforzo) per produrre un innalzamento di frequenza. La contemplazione coinvolge tutti e tre i piani inferiori: può essere fisica, emotiva e mentale.

Nel corso del tempo, la contemplazione trasforma i tre corpi – il fisico, l'astrale e il mentale – nei loro corrispondenti di frequenza elevata: il corpo causale, quello buddhico e quello atmico. La contemplazione prolungata delle 64 Chiavi Genetiche costituisce uno dei metodi più rapidi ed efficaci per attivare le alte frequenze racchiuse nel DNA dell'individuo.

Doni Primari — Calcolati in base a ora, data e luogo di nascita, i Doni Primari sono una serie di quattro Chiavi Genetiche profondamente legate a quello che è lo Scopo complessivo della tua vita. Noti come Compito di Vita, Evoluzione, Radianza e Scopo, i Doni Primari rappresentano il campo vivente del Genio che è stato inscritto nel tuo DNA al momento del concepimento. Comprendendo e abbracciando gli aspetti Ombra delle Chiavi Genetiche che corrispondono ai Doni Primari, puoi attivare le loro frequenze superiori e innescare una mutazione all'interno del tuo DNA. Questo processo prende il nome di Sequenza di Attivazione. Attraverso una contemplazione costante delle frequenze più elevate dei tuoi quattro Doni Primari potrai assistere a una trasformazione completa della tua vita, sbloccando il Genio latente dentro di te.

Esagramma — Pittogramma binario che costituisce la base dell'I Ching. I 64 esagrammi dell'antico testo cinese sono analoghi alle 64 Chiavi Genetiche. Ognuno di essi è formato da sei linee orizzontali, che possono essere spezzate (yin) o continue (yang). Le Chiavi Genetiche propongono un'interpretazione moderna dei 64 esagrammi e della relazione che li unisce sia alla nostra struttura genetica di base che a quella dell'universo stesso.

Ogni esagramma, così come ogni Chiave Genetica, è un portale che conduce a un'enciclopedia di conoscenze e rivelazioni riguardanti l'individuo e il posto che occupa nell'universo. Attraverso la contemplazione continuativa degli esagrammi, della loro struttura e della loro interdipendenza, puoi elevare la frequenza della luce che attraversa il tuo DNA e sperimentare la vita a un nuovo livello di consapevolezza.

Frequenza — Misura la natura vibratoria dell'energia radiante, come per esempio il suono, la luce o persino la consapevolezza. La premessa centrale della Sintesi delle Chiavi Genetiche è che ogni individuo è in grado di alterare la frequenza della luce che attraversa il suo DNA, velocizzando o rallentando la forza dell'evoluzione stessa. Con la contemplazione profonda delle 64 Chiavi Genetiche e dei loro insegnamenti puoi innalzare la frequenza del tuo DNA, modificare la frequenza vibratoria della tua aura ed entrare sempre di più in armonia con l'intero universo.

Frequenza Dono (Gift) — La banda di frequenza legata al Genio umano e all'apertura del cuore. Immergendoti sempre più a fondo nelle frequenze Ombra, la tua consapevolezza sblocca l'energia latente contenuta nel tuo DNA. Tale energia viene liberata attraverso il corpo fisico, quello astrale e quello mentale, sotto forma di luce.

Dal punto di vista fisico, ciò può innescare cambiamenti a livello di chimica corporea e incrementare la vitalità.

Dal punto di vista emotivo, può produrre sensazioni pervasive di sollievo, gioia e ottimismo. Dal punto di vista mentale, può portare a intuizioni ed esplosioni di creatività. La frequenza Dono è un processo di Rivelazione graduale che conduce al disvelamento della tua natura elevata (la Siddhi). Entro la banda di frequenze Dono, che rappresenta il campo quantico in cui le forze dell'evoluzione e dell'involuzione si incontrano, esistono svariati stati e fasi.

Una delle prerogative della frequenza Dono è la capacità di assumersi la piena responsabilità del proprio karma – cioè dei propri pensieri, emozioni, parole e azioni. A questo livello di frequenza non ci si identifica più come vittime di qualsiasi stimolo esterno.

Frequenza Ombra (Shadow) — La banda di frequenze correlata a tutta la sofferenza umana. La banda di frequenze Ombra emerge dai circuiti ancestrali del cervello umano. Questi circuiti neurali si basano sulla sopravvivenza individuale e sono direttamente legati alla paura. La presenza inconscia di quest'ultima nel nostro sistema continua ad alimentare la nostra credenza di essere separati dal mondo che ci circonda. Da questa convinzione così profonda scaturisce la "mentalità della vittima": nel momento in cui riteniamo di essere entità separate, ci sentiamo vulnerabili e alla mercé di forze esterne. Quando ci troviamo immersi nelle frequenze Ombra viviamo nella cultura della colpa e della vergogna. Accusiamo forze e persone che vediamo come "esterne" a noi e ci vergogniamo quando crediamo di essere soltanto noi i responsabili delle nostre vite.

Ma appena si inizia a comprendere in che modo le frequenze Ombra controllano la maggior parte della popolazione mondiale – incluso te stesso – ci si rende conto di quanto sia facile sfuggire alla loro morsa. Basta cambiare atteggiamento per liberare le energie creative nascoste nelle frequenze Ombra e permettere alla vita di abbracciare il suo Scopo più elevato. La sofferenza stessa diventa allora la sorgente della tua salvezza. È così che ha inizio il viaggio che ti permette di allontanarti da quei tratti e da quegli schemi interiori che ti spingono a ritenerti una vittima, al fine di raggiungere la tua natura più autentica fatta di Genio e amore.

Frequenza Siddhi — La banda di frequenze correlata alla piena incarnazione e alla realizzazione spirituale. Paradossalmente, il concetto stesso di frequenze e livelli scompare nel momento in cui la Verità si realizza come Siddhi. La parola Siddhi deriva dal sanscrito e significa "Dono Divino". Lo stato siddhico si manifesta solamente quando tutte le vestigia dell'Ombra, in particolare a livello collettivo, vengono trasmutate in luce.

Quando entri nello stato dell'Assorbimento, questo processo di trasformazione alchemica inizia ad accelerare finché, alla fine, tutto diventa silenzio e raggiungi lo stato dell'Incarnazione in corrispondenza della Sesta Iniziazione. Esistono 64 Siddhi, ognuna delle quali costituisce un'espressione differente della Realizzazione Divina. Anche se quest'ultima è sempre la stessa in ogni caso, le sue varie espressioni possono differire e addirittura sembrare contraddittorie.

Le Siddhi di cui si parla nella Sintesi delle Chiavi Genetiche non vanno confuse con quelle descritte da alcune tradizioni mistiche: non sono infatti ostacoli sul sentiero della realizzazione, bensì l'espressione e il godimento della stessa.

Genio — L'intelligenza innata di ogni essere umano. Il Genio autentico (che si oppone al Genio intellettuale) è una forma di unicità spontanea e innata che procede dall'amore incondizionato. È la naturale manifestazione della vita umana quando le si permette di espandersi senza forzarla. È il tratto distintivo della banda di frequenze Dono, in cui il perdono di se stessi conduce a una progressiva apertura del cuore da cui si origina un'esplosione di energia creativa che investe tutto l'essere. Più si innalza la frequenza del tuo DNA, più potente sarà lo stimolo a usare il tuo Genio al servizio del tutto. Il mondo che conosciamo oggi sarà trasformato man mano che sempre più persone insieme manifesteranno il proprio Genio.

I Ching — "Materia prima" da cui sono nate le Chiavi Genetiche, l'I Ching è un antico testo sacro cinese che risale al quarto secolo a.c. Ne esistono svariate versioni e spiegazioni. È soprattutto noto come strumento divinatorio popolare. Le Chiavi Genetiche rappresentano il culmine naturale di tutte le precedenti incarnazioni dell'I Ching, e puntano alla verità secondo cui la fonte di tutti i testi sacri è dentro l'essere umano. Le stesse verità percepite intuitivamente dagli antichi saggi – il fatto che l'universo sia costruito su codici naturali e che tali codici possano essere decifrati e sbloccati – possono oggi essere dimostrate dalla genetica moderna.

L'I Ching originale era considerato un testo sacro con la capacità di evidenziare la saggezza vivente presente in ogni momento. Allo stesso modo, le Chiavi Genetiche ci spingono a ricercare la fonte della sofferenza dentro di noi – nelle nostre Ombre – e a trasformare tale sofferenza in creatività e libertà.

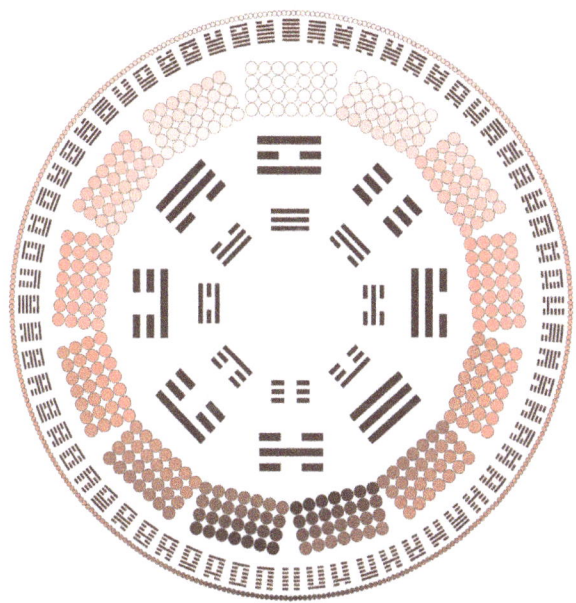

Meditazione — Uno dei tre percorsi primari che conducono agli stati elevati dell'Assorbimento e dell'Incarnazione. La meditazione è la Via della mano sinistra[2], rappresentata dall'antica scienza del tantra. La vera essenza della meditazione consiste nel limitarsi a osservare, essere testimoni e permettere.

Grazie a essa si può giungere gradualmente alla presa di coscienza che l'autentica natura dell'individuo dimora in una consapevolezza senza scelta. Questa grande Rivelazione può presentarsi come un processo gentile che innalza la frequenza della consapevolezza nell'arco del tempo o come un'improvvisa implosione che permette all'individuo di sperimentare il proprio Sé Divino in maniera permanente – o in entrambi i modi.

(2) corrisponde all'emisfero destro.

Mutazione — Evento imprevedibile che spezza la continuità di una qualsiasi sequenza lineare, a qualsiasi livello dell'universo. In termini genetici, le mutazioni sono "errori" commessi durante la replicazione cellulare. La mutazione è la madre di tutte le differenze: da essa dipendono le infinite diramazioni in cui si dipana il processo evolutivo, che conduce a processi inediti e innovativi. Nella vita di tutti i giorni, le mutazioni si verificano continuamente. Capitano ogni volta in cui accade una rottura in uno schema prestabilito o nel ritmo della vita.

È la paura che nutriamo nei loro confronti ad alimentare il campo della frequenza Ombra.

Per esempio, quando ti trovi ad attraversare un periodo all'insegna del cambiamento, percepisci una profonda incertezza nei riguardi sia tuoi che della tua vita. Se reprimi o reagisci a questa sensazione sulla scia della paura, disturbi il processo della buona sorte che accompagna sempre ogni mutazione. Imparando ad arrenderti ai naturali processi di trasformazione della vita, puoi sbloccare i potenti Doni creativi che si trovano dentro di te e ritrovare l'allineamento con la sincronicità del tuo destino autentico.

Partners di programmazione — Due Chiavi Genetiche correlate e opposte dal punto di vista olografico, cioè perfettamente speculari tra loro. La matrice genetica consta di 32 coppie di partners di programmazione. Ognuna di esse crea un loop di biofeedback che rafforza i temi delle Chiavi Genetiche coinvolte a ogni livello di frequenza. Alla frequenza Ombra, le partners di programmazione creano strutture e schemi fisici, emozionali e mentali che si rafforzano vicendevolmente.

Quando la consapevolezza penetra in loro, trasformandoli, tali schemi rilasciano ondate di energia creativa al livello della frequenza Dono. In questo caso, l'influenza reciproca delle partners di programmazione conduce a un innalzamento continuo della frequenza evolutiva dell'individuo. Al livello Siddhico, le partners di programmazione non sono più opposte, ma sbocciano come autentica coscienza, creando un'armonia tanto pura da essere in grado di cancellare le differenze tra i due estremi.

Sei Linee (le) — Correlate alla struttura degli esagrammi dell'I Ching, le sei linee descrivono sfumature ulteriori di ognuna delle 64 Chiavi Genetiche. Se si paragona ogni Chiave Genetica a un quadro archetipico predefinito, ogni linea è uno dei colori con cui lo stesso è dipinto. Quando riesci a cogliere il colore, l'immagine prende vita nella sua interezza.

Conoscere il significato delle sei linee è una competenza indispensabile da avere, in quanto permette di interpretare gli svariati elementi che compongono il profilo ologenetico in maniera semplice e accessibile. Ogni linea contiene numerosi livelli concettuali, tutti divertenti da apprendere e illuminanti quando li si applica. Più riesci ad avvertire la risonanza delle sei linee dentro di te, più ti risulterà facile comprendere le tue sequenze e condividere tale risonanza con gli altri.

Sentiero Dorato — La sequenza genetica fondamentale che permette di innalzare in modo stabile la frequenza dall'Ombra al Dono. In quanto integrazione della Sequenza di Attivazione, di Venere e della Perla, il Sentiero Dorato descrive il dipanarsi naturale della consapevolezza umana che si eleva oltre la mentalità della vittima, tipica della frequenza Ombra.

È un sentiero che tutti gli esseri umani devono prima o poi percorrere, poiché simboleggia il passaggio dell'"anima" individuale attraverso le prime quattro Iniziazioni. Man mano che i tre corpi inferiori (fisico, astrale e mentale) si purificano gradualmente entrando in una risonanza armonica, sperimenterai l'apertura del cuore e vedrai il tuo Genio creativo espandersi nel mondo. Il Sentiero Dorato pone le fondamenta che permettono all'individuo di vivere una vita a frequenza elevata.

Sequenza — Il mezzo con cui si sblocca la trasformazione cellulare e si catalizza il risveglio. A mano a mano che impariamo ad accettare le frequenze Ombra presenti nelle nostre vite, assistiamo allo sblocco progressivo dei codici di coscienza superiori all'interno dei nostri corpi.

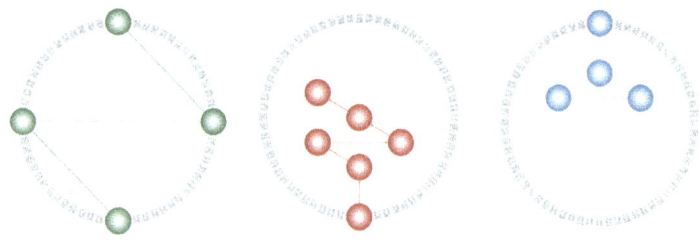

Sequenza di Attivazione — La Sequenza di Attivazione è la sequenza genetica primaria del tuo profilo ologenetico. Descrive una serie di tre progressioni di consapevolezza che si verificano nella tua vita quando attivi lo Scopo più elevato del tuo DNA.

Queste prese di coscienza interiori sono:

- la Sfida
- la Rivelazione
- la Stabilità del Nucleo (o Stabilità Interiore n.d.t)

Calcolata in base alla posizione del sole al momento della tua nascita, la Sequenza di Attivazione indica le quattro Chiavi Genetiche specifiche (i Quattro Doni Primari) che formano il campo vibrazionale del tuo Genio. Come il nome stesso suggerisce, la Sequenza di Attivazione può innescare un periodo di grande trasformazione nella tua vita.

Sequenza della Perla — Terza e ultima sequenza del Sentiero Dorato, la Sequenza della Perla è la sequenza genetica primaria per aprire la consapevolezza mentale e permetterle di operare su un piano più elevato. Calcolata in base alla posizione di Marte, Giove e del Sole al momento della nascita, è un viaggio contemplativo basato sulle Chiavi Genetiche il cui Scopo è quello di aprire la mente a una visione trascendente dell'universo. Tale visione permette di cogliere la semplicità intrinseca della vita e allineare a essa le proprie energie e risorse. La Sequenza della Perla individuale è formata da quattro Chiavi Genetiche specifiche che hanno un legame diretto con la tua capacità di essere efficiente e prosperare nella vita. Ognuna di queste quattro Chiavi ti illustra uno schema Ombra che ti impedisce di vivere una vita prospera e libera.

Quando la tua consapevolezza penetra in tali schemi e ne sblocca i Doni nascosti, scopri una fonte inesauribile di Genio e creatività. L'altro grande segreto della Sequenza della Perla è il potere della filantropia in quanto visione del mondo. La Perla ti permette di trovare i tuoi migliori alleati e di lavorare assieme a loro al servizio della comunità, perseguendo un obiettivo più elevato.

Sequenza di Venere — La sequenza genetica principale che ti permette di sbloccare gli schemi emozionali profondi. In quanto asse centrale del Sentiero Dorato, la Sequenza di Venere costituisce un viaggio contemplativo interiore nelle dinamiche degli schemi emozionali connaturati e specifici che hai ereditato attraverso il DNA. Calcolata in base alla posizione della Terra, di Marte e di Venere al momento della tua nascita, la Sequenza di Venere delinea una serie naturale di sei Chiavi Genetiche che governano tutti gli schemi emozionali della tua vita.

Quando la tua consapevolezza inizia a comprendere e osservare gli aspetti Ombra di queste sei Chiavi, cominci a trasformare gli schemi a bassa frequenza in Doni a frequenza elevata – in particolar modo nelle tue relazioni. In questo modo, il tuo corpo astrale (la tua natura emozionale) attraversa un processo di trasmutazione che conduce all'apertura permanente del cuore. Durante l'attuale fase dell'evoluzione nota come Grande Cambiamento, la Sequenza di Venere ha una rilevanza particolare in quanto il suo Scopo principale è quello di permettere al nuovo centro di consapevolezza del plesso solare di aprirsi.

Sfera — Si tratta di un aspetto specifico della tua vita a cui corrispondono una Chiave Genetica e una Linea all'interno del tuo Profilo Ologenetico. Fornendo i punti di riferimento per la contemplazione, le undici sfere formano i passi sequenziali lungo il Sentiero Dorato.

Trasmutazione — Il processo di cambiamento dinamico e permanente che si innesca quando ti arrendi e accetti la mutazione. Alla frequenza Ombra, la mutazione è sempre temuta in quanto mette in discussione schemi, ritmi e routine consolidati. Se i momenti di naturale sconvolgimento non vengono abbracciati e accolti pienamente, infatti, non può avvenire la trasmutazione. Quest'ultima comporta un cambiamento completo da uno stato – o piano – a un altro. Nulla resta più lo stesso.

La trasmutazione inizia a verificarsi al livello delle frequenze Dono, nel momento in cui gli schemi della vittima che si annidano nel profondo delle nostre cellule vengono trasformati attraverso la consapevolezza. Nella vita, i periodi di intense mutazioni offrono sempre grandi opportunità di trasmutazione.

Finché mantieni un atteggiamento interiore di apertura e accettazione e abbracci pienamente la responsabilità della tua condizione, la trasmutazione avverrà sempre. Dalla trasmutazione emergono grande chiarezza, libertà e creatività. È il processo con cui il Genio individuale si manifesta nel mondo.

Via (o Sentiero) — Nel tuo Profilo Ologenetico, le Vie sono i processi dinamici di trasformazione che sono tenuti a freno dalle frequenze Ombra delle Chiavi Genetiche o – al contrario – sono sbloccati dalle frequenze più elevate delle stesse. Ogni Via funge da conduttore delle forze gemelle dell'evoluzione e dell'involuzione.

3. LA SFERA DEL COMPITO DI VITA

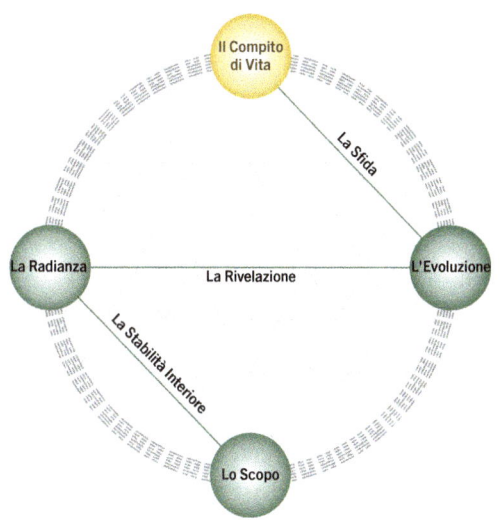

LA SFERA DEL COMPITO DI VITA

Il nostro viaggio inizia subito con un confronto. Nelle Chiavi Genetiche, la premessa centrale è che ogni Ombra contiene un Dono, quindi dobbiamo iniziare a osservare la natura delle Ombre dentro di noi per arrivare al Dono nascosto all'interno. Questa è la nostra sfida.

Man mano che si apprende di più sulla natura della Sfida nella propria vita come tema cosmico, la si può osservare in combinazione con la prima Chiave Genetica della propria Sequenza di Attivazione – la Chiave del Compito di Vita. Inoltre, questa potrebbe essere la tua prima introduzione alle sei linee e a come applicarle alle Chiavi Genetiche.

Puoi iniziare contemplando la Chiave Genetica che rappresenta il tuo Compito di Vita. È la punta dell'iceberg di tutto il tuo profilo. È qui che il tuo proposito più intimo incontra il mondo esteriore. Esistono molti tipi di compiti. Uno è il tuo lavoro esteriore – ciò che fai nella vita – cioè la tua carriera, la professione o il tuo ruolo quotidiano. Questa Chiave Genetica è un ottimo indicatore di ciò che potresti essere più portato a fare.

Tuttavia, le Chiavi Genetiche non vanno prese alla lettera. Ti forniscono più che altro la trama di una storia, che poi sta a te collocare nella tua vita. Quando guardi l'Ombra di questa Chiave Genetica, vedrai lo schema che ti impedisce di trovare il ruolo che si adatta perfettamente a te.

L'OMBRA

L'altro tipo di compito è il lavoro interiore. L'Ombra di questa Chiave ti mostra la Sfida che continuerai a incontrare nella tua vita fino a quando non l'avrai completamente accettata. Questo è il Compito interiore della tua vita.

Esistono essenzialmente tre fasi che accompagnano la trasformazione delle nostre Ombre e sono:

- Permettere

- Accettare

- Abbracciare

Per prima cosa devi iniziare a permettere che quest'Ombra sia presente nella tua vita. In un primo momento non occorre che la accetti. Può darsi che la odi, che la eviti o che ti faccia arrabbiare. Ma devi semplicemente iniziare a permettere che sia presente. E può anche darsi che non sia sempre presente. Dovrai osservarla di proposito.

Una volta che le avrai concesso il permesso, sarai pronto ad accettarla – e l'accettazione è una cosa bellissima. Accettare significa che il tuo lavoro interiore sta davvero prendendo piede. Hai invocato il coraggio di assumerti la responsabilità di qualcosa dentro di te.

L'accettazione accende il fuoco della trasformazione e mentre la fiamma arde intorno a te, entra in gioco la fase finale – l'abbraccio. Respira profondamente e permetti che l'Ombra entri fino in fondo. Solo questa totalità consente a uno schema negativo di essere completamente trasformato internamente. È la totale apertura del cuore alla Sfida della tua vita.

IL DONO

Ogni Ombra contiene un Dono. E questo processo di trasformazione richiede tempo. Occorre essere chiari a riguardo. Non c'è da trasformare solo questa Sfida per poi passare alla prossima parte del tuo Profilo! La Sfida è lì, presente lungo tutto il viaggio. È la tua Sfida principale.

Mentre continui a esplorare i confini interiori del tuo Profilo Ologenetico, vedrai come il fatto di abbracciare la Via della

Sfida apra tutte le altre porte del tuo profilo – comprese altre Ombre più profonde che sono in agguato al suo interno. Ma queste Ombre a loro volta contengono ulteriori Doni.

Ogni volta che riconosci uno schema negativo e lo abbracci, sblocchi un altro Dono. Alla fine ogni Dono è interconnesso, proprio come ogni Ombra è interconnessa. La contemplazione costante te lo rivelerà. Man mano che il Dono emerge, il tuo Compito di Vita diventa sempre più chiaro. Il lavoro interiore influenza il lavoro esteriore. Questa è una legge universale.

LA SIDDHI

La Siddhi rappresenta l'Essenza Divina del tuo compito nel mondo. Mentre contempli l'Ombra del tuo Compito di Vita, è buona norma controbilanciarla mantenendo il focus sulla Siddhi con la mente e con il cuore. Devi tenere in considerazione questa Siddhi e individuare la sua essenza dentro di te. È esattamente ciò che sei chiamato a fare. È l'essenza della tua biografia.

Quando il tuo viaggio di contemplazione ti porterà alla fine di questo Sentiero Dorato, tornerai ancora una volta a questa stessa Chiave Genetica, ma con un'ottava completamente diversa. Devi conservare questa Siddhi nel tuo cuore per tutto il viaggio e alla fine, se sarai fortunato, potrebbe rivelarsi a te in qualche modo.

I termini specifici delle 64 Chiavi Genetiche sono un insieme di codici linguistici. All'inizio magari non li comprenderai, ma col tempo potresti scoprire storie, intuizioni e vibrazioni che si nascondono dietro le parole. Una delle tue più grandi alleate in questo viaggio sarà la pazienza.

CONTEMPLARE LE SEI LINEE

Nell'introduzione al Sentiero Dorato, abbiamo usato l'analogia della musica per aiutare a capire la relazione tra ogni Chiave Genetica e le sue sei Linee. Abbiamo detto che se ogni Chiave Genetica fosse una melodia, ogni linea sarebbe come un tono in cui quella melodia potrebbe essere suonata.

Nel tuo Profilo Ologenetico, hai tutta una serie di Chiavi Genetiche che riguardano aspetti della tua coscienza – e ogni Chiave Genetica si accompagna a una linea di attivazione ben precisa. Una parte importante della tua pratica contemplativa consisterà nel liberare il significato interiore della tua Chiave Genetica e della sua linea, nel contesto della posizione che occupa all'interno della sequenza complessiva. Il tuo Sentiero Dorato contiene una trama potente per lo sviluppo della tua coscienza, e le sei linee forniscono una parte importante della tua narrativa interiore. I significati di ciascuna linea sono illustrati qui di seguito.

LE SEI LINEE DEL COMPITO DI VITA

Linea 1 – Creare

La linea 1 di ogni Chiave Genetica esprime realmente l'essenza dell'archetipo che contiene. Noi esseri umani siamo qui per essere creativi. Il nostro Compito di Vita è essenzialmente un processo creativo in costante divenire. Quando terminiamo il compito della nostra vita e ritorniamo nel Vuoto, qualcun altro entra in azione per continuare il nostro compito – qualunque esso sia – e quindi la catena dell'evoluzione creativa continua.

Se hai la linea 1 nel tuo Compito di Vita, allora sei qui per creare qualcosa di nuovo. Deve essere la tua idea – qualcosa che emerge da dentro di te. Puoi cavalcare idee di altri creatori che ti hanno preceduto, ma comunque la tua deve essere una versione originale.

Quando applichi questa linea alla Chiave Genetica del tuo Compito di Vita, devi considerare quella Chiave a un livello molto profondo. La tua contemplazione deve portarti fino in fondo al pozzo. Dentro di te c'è una grande profondità che vuole trovare espressione nel mondo. Potresti aver bisogno di molto coraggio e pazienza per ritrovare te stesso ed esprimerti pienamente nel tuo compito. Qualunque cosa tu faccia, deve contenere questo elemento creativo vitale al suo interno, altrimenti non riuscirai mai a sentirti realizzato nella vita.

Linea 2 – Danzare

Ogni linea 2 porta con sé una forte sensazione di fluidità. Mentre la 1ª linea scava in profondità per portare alla luce i frutti creativi, la seconda linea è tutta sull'espressione di sé.

Nella sua migliore versione, la seconda linea è disinvolta, come la danzatrice che si perde nella gioia della danza.

Se hai una linea 2 nel tuo Compito, dovrai riconoscere o scoprire quali sono i doni che esprimi in modo facile e naturale.

Durante l'infanzia sovente appare chiaro – a scuola ad esempio – quali sono le materie in cui eccelliamo, anche se spesso finiamo per essere trascinati lungo percorsi diversi. Devi fare le cose che ti riescono meglio – ciò che ami e che fai senza doverci pensare. L'archetipo del Danzatore si riferisce a un Dono naturale intrinseco che si sprigiona da te. Quando ti fidi di questo Dono, esso semplicemente fluisce in modo spontaneo e meraviglioso.

Quando contempli la Chiave Genetica del tuo Compito di Vita, pensa alla cosa che fai con la massima grazia e facilità. Questo ti darà un indizio su dove sia il tuo vero Compito di Vita.

Linea 3 – Cambiare

A differenza della linea 2 che segue un chiaro flusso interiore che si muove verso l'esterno, la linea 3 è molto meno prevedibile. Le linee 3 hanno al centro il cambiamento. Spesso non manifestano il tipo di Stabilità che hanno le altre linee. Ciò significa che le vite delle terze linee sono spesso variopinte o – se viste dall'Ombra – caotiche.

Se hai una linea 3 nel tuo Compito di Vita, la tua grande Sfida è imparare a lasciar andare ciò che la tua mente pensa sia "normale". Il tuo è l'archetipo del Cambiamento, il che significa che apprenderai i tuoi Doni vivendo. Potresti avere molte esperienze diverse in ruoli diversi, con persone differenti che entrano ed escono dalla tua vita e, se ti lascerai andare godendoti questo tipo di narrativa emozionante, condurrai un'esistenza molto ricca. Se invece paragonerai la tua vita a quella di persone che ti sembrano più stabili, ti potresti ritrovare a nutrire ogni sorta di auto-giudizio, che alla fine comprometterebbe i tuoi veri Doni.

Quando contempli la Chiave Genetica del tuo Compito di Vita, devi immaginarla in una modalità dinamica, mutevole e adattabile, il che ti farà avvicinare all'essenza del tuo Compito.

Linea 4 – Servire

Tra tutte e sei le linee, la linea 4 è quella che ha il maggior potere di concentrazione. Quando applichi questa linea alla Chiave Genetica del tuo Compito di Vita, il Dono che ne deriva è estremamente potente e autorevole.

La linea 4 nel tuo Compito di Vita influenza la Chiave Genetica corrispondente con una capacità persuasiva incredibile. Hai l'abilità innata di influenzare gli altri. A seconda del tuo atteggiamento, questo potrà allontanare le persone o attirarle verso di te. L'ambito della linea 4 riguarda le persone, quindi è importante che impari ad ascoltare gli altri.

Qualunque sia la Chiave Genetica del tuo Compito di Vita, la sua espressione più sana è attraverso il servizio. Per te, servizio può significare molte cose – ad esempio qualità, eleganza o cortesia, oppure una vera e propria professione collegata al servizio. L'archetipo del Servire riguarda chiaramente il mettere i tuoi Doni a disposizione degli altri. In altre parole, ti impegni proprio perché ami vedere qualcun altro sorridere.

Linea 5 – Risolvere

Possiamo notare un chiaro flusso narrativo che collega tutte le 6 linee. La linea 1 scopre qualcosa, la linea 2 la esprime, la linea 3 la sperimenta e l'adatta, la linea 4 la diffonde, e poi arriviamo alla linea 5. La linea 5 è puramente pratica. Osserva una cosa e decide se questa è davvero utile per il mondo oppure no. Se non lo è, la linea 5 guarda altrove, ma se c'è la possibilità che questa cosa possa davvero essere utile, allora la linea 5 la fa propria e la rende veramente potente.

Se hai la linea 5 nel tuo Compito di Vita, hai la capacità di espanderti nel mondo. L'archetipo del Risolvere crea un mondo più efficiente.

Quando contempli la Chiave Genetica del tuo Compito di Vita, pensa a come potresti creare un business con questo archetipo. Pensa a come potresti usarlo da leader. Non significa che lo devi fare, ma questo permette alla tua mente di funzionare secondo la sua natura. Quando i tuoi Doni sono ben organizzati, sono utili a molte persone.

Tra tutte le sei linee, tu hai forse il più grande potenziale per avere successo nel mondo attraverso i tuoi Doni.

Linea 6 – Insegnare

La sesta linea si distingue dalle altre, nel senso che vive secondo regole diverse. Questo non la rende né migliore né peggiore, poiché ogni linea ha i suoi vantaggi. La domanda che pulsa nel cuore di tutte le linee 6 è: "Perché?".

La linea 6 ha una certa relazione con la linea 1, poiché porta completezza all'intero spettro della saggezza contenuta all'interno di ciascuna Chiave Genetica.

La linea 1 contiene l'essenza della Chiave Genetica, mentre la linea 6 scrive la sua autobiografia! In altre parole, la linea 6 ha la capacità di essere la più saggia di tutte linee – non la più intelligente (1), non la più attraente (2), non la più eccitante (3), non la più socievole (4), non quella di maggior successo (5) ma quella che vede semplicemente oltre. Questo è l'archetipo dell'Insegnante e, come abbiamo visto, non vuol dire necessariamente che se hai una linea 6 nel tuo Compito di Vita tu sia destinato a insegnare. Significa solo che condividi l'attributo essenziale di ogni valido insegnante – capisci che le persone sono tutte nate con Doni diversi e che se fornisci loro l'ambiente giusto, quei Doni emergeranno sempre spontaneamente.

Se hai la linea 6 nella Chiave Genetica del tuo Compito di Vita, allora la contemplazione di quella Chiave deve radicarsi nella pazienza. In un certo senso, devi capire tutti gli approcci delle altre cinque linee prima di poter rispondere alla domanda "Perché"? La profondità di questa domanda significa che potrebbe volerci molto tempo prima che i tuoi Doni emergano pienamente. Bisogna essere in grado di guardare tutta la propria vita dall'inizio per cominciare a vedere con gli occhi della saggezza. La contemplazione è quindi un Percorso molto naturale per te. Richiede tempo e pazienza, ma nel tempo fornisce sempre una risposta.

4. LA VIA DELLA SFIDA

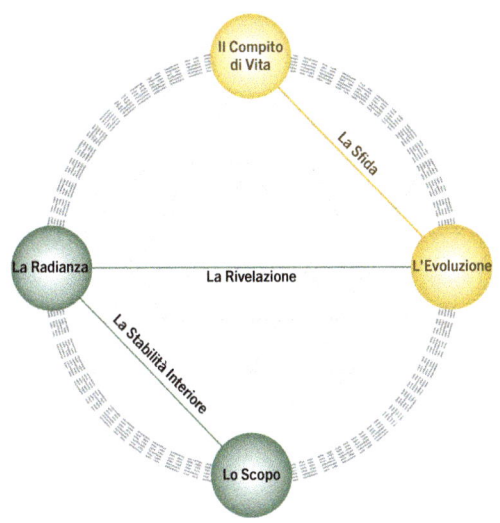

IL PERCORSO DELLA SFIDA

Quando inizi a contemplare il tuo Profilo, rifletterai essenzialmente su due aspetti: le Sfere e le Vie. Le Sfere contengono le tue Chiavi Genetiche specifiche e le linee corrispondenti, che nel loro insieme conferiscono un aspetto personale alla tua contemplazione. Le Vie, invece, rappresentano temi universali comuni a tutti noi.

La prima Via che incontriamo è quello della sfida. Come si può intuire, questa contemplazione riguarda quindi il modo con cui tendi a confrontarti con le difficoltà della vita. Sei vittima delle tue sfide o le vedi per quello che sono: opportunità di crescita e di auto-illuminazione?

LA SFIDA

Nelle Chiavi Genetiche, la premessa centrale è che ogni Ombra contiene un Dono, quindi dobbiamo iniziare a cercare nella natura delle Ombre dentro di noi per arrivare al Dono nascosto. Questa è la tua Sfida. È la Sfida che risuona dentro ogni essere umano. La nostra vita si costruisce o si distrugge sulla base di questa Sfida primordiale e archetipica.

Quando ti approcci alle Chiavi Genetiche, devi essere pronto ad affrontare un certo livello di disagio interiore, perché l'osservazione delle tue Ombre e l'acquisizione di una maggiore consapevolezza di queste nella tua vita quotidiana è l'obiettivo di tale esplorazione. Nell'esaminare la tua Sfida, devi osservare a fondo la dinamica che collega le due Chiavi Genetiche che formano questo percorso: la sfera del Compito di Vita e quella dell'Evoluzione.

LE PARTNERS DI PROGRAMMAZIONE
Un'allegoria della Coscienza

Siamo tutti qui per evolvere. Nella storia del DNA è scritto che il DNA stesso deve evolversi per sopravvivere e che deve continuare a evolversi per prosperare.

Le due Chiavi Genetiche del Compito di Vita e dell'Evoluzione sono un'accoppiata genetica, così come lo sono la Radianza e lo Scopo. Tra le tre sequenze delle Chiavi Genetiche che compongono questo Sentiero Dorato, la Sequenza di Attivazione è unica in questo senso. Essa, infatti, è costituita da 2 coppie di opposti, che nel linguaggio delle Chiavi Genetiche sono conosciute come partners di programmazione.

Osservando la Ruota degli esagrammi delle Chiavi Genetiche (figura in basso), vedrai che ogni Chiave ne ha un'altra corrispondente, esattamente opposta. Se guardi la struttura delle 6 linee che compongono i 2 esagrammi, vedrai che sono speculari l'uno dell'altro.

Nella Sintesi delle Chiavi Genetiche usiamo questa ruota come mezzo per localizzare i momenti dell'imprinting – ad esempio l'ora della nascita.

ESEMPIO DI DUE PARTNERS DI PROGRAMMAZIONE SULLA RUOTA DEGLI ESAGRAMMI

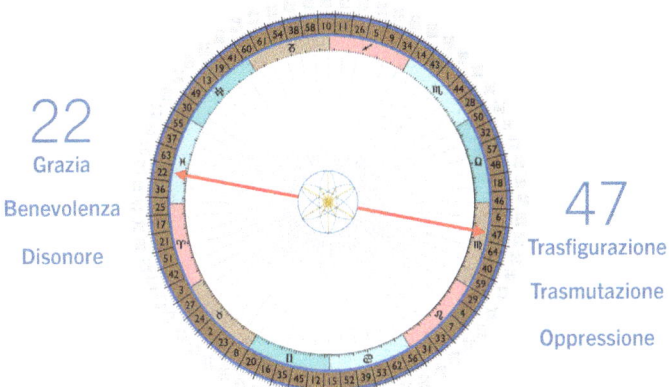

22
Grazia
Benevolenza
Disonore

47
Trasfigurazione
Trasmutazione
Oppressione

Il tuo Profilo Ologenetico viene calcolato sulla base dell'ora e del luogo di nascita, in particolare in relazione alla posizione del sole al momento della tua nascita. E di fronte al Sole troviamo la Terra, il luogo da cui guardiamo il cielo per individuare il nostro posto nel continuum spazio-temporale. È con questa polarità che veniamo al mondo ed è nota come Compito di Vita ed Evoluzione.

Il tuo Compito di Vita è determinato simbolicamente dal Sole – la forza Yang dell'energia – e la tua Evoluzione è stabilita simbolicamente dalla Terra – la forza Yin della materia. Il Compito di Vita è l'espressione di ciò che fai, mentre l'Evoluzione è ciò che lo genera, come una turbina.

La lotta tra la Sfera terrestre della tua Evoluzione e il fuoco solare del tuo Compito di Vita crea la tensione di base che scrive il copione della tua vita.

Tutto questo può essere inteso come un'allegoria di come la coscienza giunge nel mondo. Ognuno di noi è un'interazione di opposti – il seme della linea paterna e l'ovulo della linea materna.

Quando convertiamo tutto questo nella ruota degli esagrammi dell'I Ching, otteniamo un bellissimo codice atemporale che ci aiuta a decifrare i molti miti che compongono il destino umano.

Leggendo la definizione di Partners di Programmazione nel Glossario, potrai notare che le due serie di partners di programmazione che formano la tua Sequenza di Attivazione rappresentano dei codici reciprocamente interconnessi sepolti nel profondo del tuo DNA. Nel momento in cui la consapevolezza dello schema Ombra sblocca questi codici, la tensione immagazzinata in queste due opposizioni viene rilasciata dentro di te, e avviene un risveglio.

Il motivo per cui la prima Via del Sentiero Dorato è chiamata la Via della Sfida è perché devi immergerti direttamente nel cuore di quella tensione per liberarla alla fonte.

5. LA SFERA DELL'EVOLUZIONE

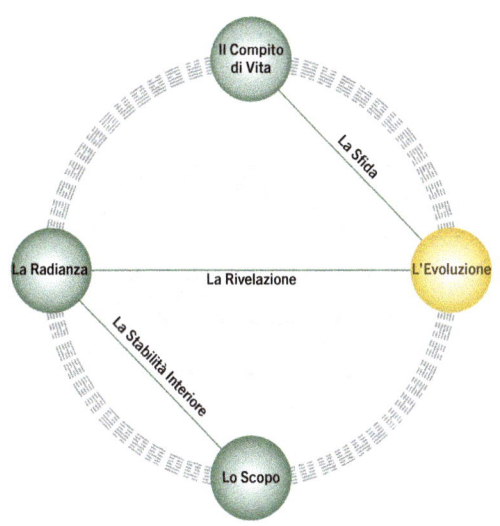

LA SFERA DELL'EVOLUZIONE

Forse, da quando hai iniziato a contemplare il tuo Compito di Vita, ti sei già fatto un'idea del suo significato. O magari ti sembra ancora un mistero. Va bene in entrambi i casi. Questo processo di comprensione richiede tempo. Puoi continuare a contemplare aspetti del tuo Profilo che non hanno ancora pienamente un senso. Fidati del processo di Auto-Illuminazione.

Ponendo l'attenzione questi aspetti, prima o poi ti appariranno in modo chiaro. Ora punteremo l'attenzione su sulla sfera successiva del Sentiero Dorato – la Sfera dell'Evoluzione. La tua Evoluzione, come abbiamo visto, è opposta al tuo Compito di Vita. Insieme, queste due sfere e le loro Chiavi Genetiche, racchiudono la Sfida principale della tua vita. Studia attentamente la Chiave Genetica della tua Evoluzione perché, molto probabilmente, rappresenta un ambito poco confortevole per te.

L'OMBRA

È essenziale comprendere appieno la frequenza Ombra della Chiave Genetica relativa alla tua Evoluzione. Fino a quando non la vedrai manifestarsi nella tua vita e inizierai a venire a patti con lei, la tua Sequenza di Attivazione rimarrà dormiente.

Lungo il Sentiero Dorato ci sono diversi "trigger points"[3] – o interruttori – e la tua Evoluzione è il primo di questi. Se non comprendi il significato di quest'Ombra o non ti sembra che sia collegata con te, allora dovresti considerarla da una nuova prospettiva. A volte le parole delle Chiavi Genetiche hanno più di un significato.

Inoltre, una cosa è comprendere intellettualmente uno schema, un'altra è coglierlo nel momento in cui si palesa.

(3) punti di innesco

Spesso questi schemi si manifestano nelle nostre relazioni come uno specchio, diventando di solito parte del nostro comportamento o giustificandolo.

Una cosa è certa, nel momento in cui avverti insicurezza o dolore, significa che quest'Ombra è nei paraggi. Un primo suggerimento potrebbe essere questo: aspetta che si presenti una Sfida – indipendentemente che sia interiore oppure esteriore – e fai attenzione all'Ombra. Una volta identificata, è facile che tu riesca a riconoscerla molto bene.

IL DONO

Percorrere il Sentiero Dorato potrebbe non essere la cosa più semplice da fare nella vita, ma ne vale la pena. La tua prima Sfida è comprendere questa sfida! Contemplando insieme queste due partners di programmazione – Compito di Vita ed Evoluzione - potresti iniziare a vedere quanto questa Sfida sia ben radicata.

Ad ogni modo, l'Evoluzione non riguarda il superare tale prova, perché il disagio è l'indicatore del fatto che stiamo crescendo. Il segreto è imparare ad apprezzare questa Sfida specifica nella tua vita. I tuoi Doni – ossia il tuo Genio – nascono dall'insieme di questi schemi Ombra trasformati dalla consapevolezza.

Osservando bene il Dono della tua Evoluzione, potresti vedere una qualità che ti distingue dagli altri. Ci sono solo 64 Chiavi Genetiche e quindi ci saranno molte persone con questa stessa Chiave nella loro Evoluzione ma, a mano a mano che farai tue le sfumature del tuo Sentiero Dorato, inizierai a decifrare la storia del tuo destino. Il Dono è ciò che emerge quando cambi atteggiamento verso la vita, senza comportarti da vittima.

Inoltre, il tuo Dono Evolutivo ti radica nel corpo fisico. È un ottimo equilibratore, poiché ti fa sentire uguale a tutti gli altri esseri umani. Veniamo tutti al mondo con una sfida, e la nostra volontà di abbracciare tale Sfida determina la forza del nostro spirito.

LA SIDDHI

È importante considerare queste partners di programmazione – le due Chiavi Genetiche del tuo Compito di Vita e della tua Evoluzione – come un unico campo di coscienza che determina il tuo Genio.

Puoi osservare Ombre, Doni e Siddhi di tutte le partners di programmazione in questa maniera. Quando arriviamo alla Siddhi, questa qualità indica la potenziale espressione della tua vita come essere umano pienamente realizzato e illuminato. Nelle Chiavi Genetiche, conserviamo un'immagine interiore delle Siddhi come contrapposte alle nostre Ombre. Le Siddhi non sono una promessa, e dobbiamo fare attenzione a non farci prendere dalla trappola della speranza. Se speri in queste qualità, stai giocando sottilmente il ruolo della vittima.

La Siddhi della tua Evoluzione è un'essenza dentro di te.

Nutre l'essenza di ciò che sei chiamato a fare nella vita. È un dono speciale che hai ricevuto alla nascita, e che talvolta emerge nel corso della tua esistenza. Più accetterai in profondità gli schemi Ombra, più umile ti sentirai all'interno, poiché le Siddhi nascono da un intenso sentimento di gratitudine. Esse si manifestano in momenti chiave della nostra vita, e le sfide che affrontiamo possono far emergere quei preziosi momenti in cui intravediamo la verità di ciò che siamo.

CONTEMPLARE L'EVOLUZIONE

Quando la Rivelazione del Profilo Ologenetico apparve per la prima volta, fu proposta come consultazione o "lettura" personale. Dato che il Profilo veniva spiegato da un'altra persona, arrivava di "seconda mano", cioè attraverso le parole di qualcun altro.

Anche se all'epoca questa modalità serviva allo scopo, la vera bellezza di questa conoscenza non poteva manifestarsi come avrebbe dovuto.

Ci è voluto un po' di tempo per comprendere che le Chiavi Genetiche e il Sentiero Dorato sono strumenti per la propria Auto-Illuminazione, e che prendono vita internamente mentre li contempli.

Anziché ricevere una saggezza di seconda mano, ora hai tutti gli strumenti che ti servono per scoprirla da solo, dentro di te. Un'intuizione che sorge naturalmente dall'interno della tua psiche è di gran lunga più utile per te di tutta la saggezza che ti è stata donata da un'altra persona – chiunque essa sia.

Quando inizi a contemplare le Chiavi Genetiche che formano il tuo Sentiero Dorato, farai bene a tenere a mente quanto appena detto.

Si tratta del tuo viaggio, e durerà tutto il tempo necessario.

Se sei paziente, saprai concedere alla tua intuizione il corretto spazio per assorbire la conoscenza, digerirla ed estrarre i nutrienti energetici di cui la tua anima ha bisogno.

Quando applichi le specifiche linee di attivazione alle tue Chiavi Genetiche, ricordati che è utile leggere e considerare tutte le 6 linee, anche quelle che non sembrano applicarsi direttamente a te. Le linee raccontano tutte la stessa storia, e conoscere questa storia ti aiuta a localizzare il tuo specifico posto all'interno del Tutto.

LE SEI LINEE DELL'EVOLUZIONE

Linea 1 – Sé ed Empowerment

Nella Sfera del "Compito di Vita", la prima linea è contrassegnata con il termine "Creare". Nella Sfera dell'Evoluzione, tutto si concentra sull'Empowerment[4]. La tua Sequenza di Attivazione ti porta a scoprire il tuo Genio, indipendentemente da quale linea sia attiva.

Se hai una linea 1 nell'Evoluzione allora è probabile che la tua Sfida principale riguardi il sentirsi sicuri di sé o inadeguati. Essendo una persona creativa, a volte potresti percepirti come il tuo peggior nemico. Il tuo è un Percorso individuale. Questo non significa che tu non possa cercare aiuto e supporto esterni, ma suggerisce che le risposte devono emergere da dentro di te. La tua parabola evolutiva ti porta a scavare in profondità nella tua solitudine per trovare lì il tuo sostegno.

Nessun altro può darti potere né tantomeno togliertelo. Puoi farlo solo tu. Se affronti con coraggio questa sfida, allora i tuoi Doni motiveranno anche gli altri a trovare la stessa forza dentro di sé. Questo è un aspetto da contemplare insieme alla Chiave Genetica della tua Evoluzione.

Linea 2 – Passione e Relazioni

Laddove la prima linea contiene l'essenza segreta della Chiave Genetica, la seconda linea riguarda l'espressione di tale essenza. Se la linea 1 fosse un seme, la linea 2 sarebbe il germoglio.

La seconda linea presenta pertanto una serie di sfide molto diverse. Si tratta dell'espressione spontanea dell'energia della passione, e la passione attira sempre l'attenzione degli altri.

Contemplando la Chiave Genetica della tua Evoluzione, pensa a come potresti esprimere queste qualità con passione. Immagina l'Ombra espressa attraverso la rabbia, incurante delle conseguenze. Questo potrebbe raccontare la storia di alcune difficoltà nelle relazioni della tua vita. La linea 2

---

(4) Il processo di crescita del singolo individuo che attraverso percorsi di natura diversa (terapeutico, formativo, esperienziale, eccetera) sviluppa nuove abilità e competenze.

impara sempre più intensamente attraverso una relazione. Il dilemma e la bellezza della linea 2 come tema di vita, è che la sua natura è inconsapevole.

Alla frequenza del Dono e della Siddhi questa caratteristica emerge con grazia e ha un enorme impatto benefico, ma alla frequenza Ombra è disastrosa. L'energia negativa espressa in modo inconsapevole – attraverso azioni o parole – è sempre distruttiva.

Se tuttavia hai una linea 2 come Compito di Vita ed Evoluzione, la tua Sfida è ascoltare e osservare il feedback di chi ti è accanto. Si tratta sempre di uno specchio molto chiaro della frequenza che ti attraversa.

Alla fine, sarai così in sintonia con il tuo ambiente che saprai fermarti prima di esprimere uno schema negativo. Allora la tua vera passione emergerà in modo innocente e sarà accolta con approvazione e gratitudine.

Linea 3 – Energia ed Esperienza

Di certo ricordi che la terza linea riguarda il cambiamento. Quando contempli una linea 3 nell'Evoluzione, è necessario guardare questa Chiave Genetica come se fosse un viaggio. Come investirai l'eredità genetica che ti è stata donata?

Nel tuo caso la vita riguarda più l'esperienza che non il risultato. Indipendentemente dal fatto che un'iniziativa abbia successo o meno, la cosa importante è il viaggio e l'esperienza che ne trai. Prendiamo come esempio la Chiave Genetica 56 con la sua Ombra della Distrazione e il Dono dell'Arricchimento.

Se la stessimo contemplando dalla prospettiva della prima linea, la distrazione riguarderebbe tutte le problematiche interiori – ad esempio paure e/o ossessioni. Se fosse una linea 2, la distrazione riguarderebbe le relazioni, mentre per una linea 3 si tratterebbe delle esperienze. Quindi potresti essere il tipo di persona che, passando da un'esperienza all'altra, viene distratta da ciò che realmente arricchisce lo spirito. Solo quando finalmente lascerai andare l'idea che devi ottenere qualcosa da tutte quelle esperienze, potrai iniziare a renderti conto che in realtà hai imparato molto lungo il percorso. A questo punto potrai usare le tue esperienze – buone o cattive che siano – per arricchire gli altri, e questo diventerà il tuo Dono.

Quando applichi le linee alle Chiavi Genetiche in questo modo, spesso vedi la storia della tua vita da una nuova prospettiva.

Linea 4 – Amore e Comunità

Con una linea 4 nell'Evoluzione, è probabile che la grande Sfida della tua vita sia trovare un equilibrio tra essere soli e stare con gli altri. Come riesci a conciliare la necessità di essere al servizio con il bisogno di avere spazio per te?

Alle frequenze Ombra la linea 4 ha la tendenza ad andare semplicemente da un estremo all'altro e poi crollare per sfinimento, o finire per essere tagliata fuori dagli altri.

Con la linea 4 il tema è sempre l'amore – l'amore che porta a ricercare la compagnia degli amici e l'amore per il tempo da passare in compagnia di se stessi. In una vita ricca, l'amore scorre liberamente tra questi due poli in modo naturale e semplice. Come linea 4, è interessante osservare la Chiave Genetica della tua Evoluzione come una qualità concepita per essere condivisa con altri. Più condividi il tuo Dono, più nutri te stesso e più diventi influente.

Il Dono della linea 4 è quello di toccare il cuore delle persone e portarle verso il proprio punto di vista – purché sia un punto di vista estremamente etico. Tra tutte le 6 linee, la linea 4 è la più adatta a convincere gli altri dell'importanza di usare il cuore in qualsiasi situazione. Oltre a questo, la prospettiva della linea 4 la porta a essere abile nella comunicazione, il che la rende una forza potente all'interno di qualsiasi comunità o business.

Linea 5 – Potere e Proiezione

La linea 5 nell'Evoluzione riguarda la proiezione e l'uso del potere. In quanto linea 5, hai un "fattore X" intrinseco – un certo fascino mistico che viene sprigionato dalla tua aura. Non puoi far nulla a riguardo, perché è qualcosa di innato. Pertanto devi essere molto consapevole del grande effetto che produci sugli altri. Le persone saranno naturalmente attratte da te, indipendentemente da ciò che rappresenti.

Alle frequenze Ombra questo si conclude quasi sempre con una delusione – sia per te che per il prossimo. Se non sei consapevole del tuo potere, rischi di essere mal interpretato dagli altri – quindi una delle cose più importanti per te è imparare come e quando esprimerti. Quando ti appassioni a qualcosa, puoi risultare affascinante per gli altri, i quali possono nutrire ogni sorta di proiezione nascosta su di te, senza alcun fondamento reale. Ciò significa che la linea 5 deve apprendere i confini – sia personali che professionali. Esprimendoti con parsimonia e chiarezza, riduci al minimo il rischio di incomprensioni.

Quando prendi in considerazione la Chiave della tua Evoluzione pensa a quanto facilmente gli altri potrebbero fraintendere questo grande Dono. In questo modo, potrai sfruttare al meglio il campo della proiezione della linea 5.

Linea 6 – Apprendere/Educare e Arrendersi

La linea 6 vive una narrativa molto ricca nel corso della sua esistenza. A differenza di qualsiasi altra linea, essa attraversa l'intera storia delle linee in una sola vita!

Per la linea 6 c'è tanto da imparare prima di realizzare i propri sogni. Inoltre, quando sarai maturo abbastanza in termini di saggezza, la comprensione dei tuoi sogni sarà diversa. Questo è il motivo per cui il tema della resa è uno dei temi cardine dell'Evoluzione della sesta linea. Dovrai imparare a fidarti del destino. Quando applichi il tema della linea 6 alla Chiave Genetica della tua Evoluzione, potrebbe essere utile osservarla come una qualità che porta maturità.

La linea 6 riguarda la visione a lungo termine. Ecco perché l'apprendimento e l'educazione sono una parte così importante della tua esistenza. Attraverso l'esperienza imparerai che alla fine la vita sa sempre qual è la cosa migliore, e questa fiducia nella vita è ciò che ti renderà un esempio per il mondo. Educare non significa imporre opinioni ma, al contrario, far emergere ciò che è già presente nell'essere.

La linea 6 aggiunge una qualità a qualsiasi Chiave Genetica, conferendole un grande carisma. Si tratta di qualcosa di molto più profondo del successo o dell'avere influenza nel mondo. Si tratta piuttosto di investire in un grande futuro per tutti. In questo senso la linea 6 è disposta a sacrificare i fini personali per un obiettivo collettivo più ampio – talvolta persino un obiettivo che potrebbe maturare ben oltre la durata della propria vita.

6. LA VIA DELLA RIVELAZIONE

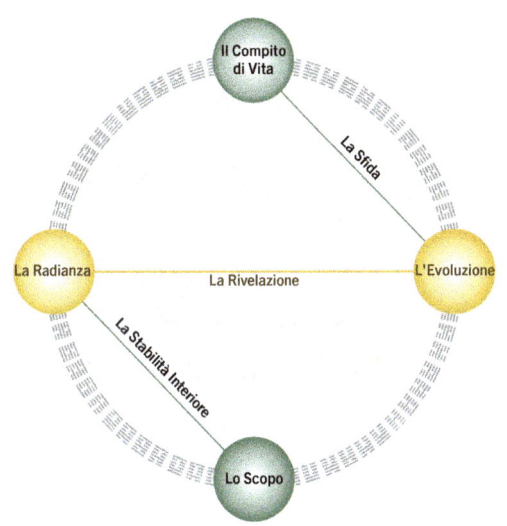

LA VIA DELLA RIVELAZIONE

La Via della Sfida apre il passo a un altro Percorso lungo il Sentiero Dorato – La Via della Rivelazione. Come abbiamo visto, ogni Ombra contiene un Dono, e questo è sintetizzato qui nell'archetipo dinamico della Rivelazione. Una volta che inizi a permettere, accettare e abbracciare le tue Ombre interiori, accade un miracolo – qualcosa che era nascosto dentro di te si rivela.

La Rivelazione è sempre lì, in attesa dentro di noi. La nostra evoluzione dipende da tali rivelazioni. Gli stessi geni evolvono attraverso rivelazioni inaspettate chiamate mutazioni, e molte mutazioni nel tempo portano a una trasmutazione, cioè l'emergere di una forma o di un comportamento completamente nuovi. Una contemplazione costante e la conseguente maggiore consapevolezza che ne deriva sono il detonatore della Rivelazione.

La consapevolezza è un potente catalizzatore del cambiamento – di fatto è un prerequisito della trasformazione. Lo Scopo del Sentiero Dorato è quello di portare alla luce le questioni principali che sono alla base dei tuoi schemi quotidiani – siano essi fisici, emotivi o mentali. In questo specchio vedrai più profondamente le forze che guidano il tuo destino esteriore.

Osservando il tuo Profilo Ologenetico noterai che la Via della Rivelazione collega le 2 coppie di partners di programmazione che compongono la tua Sequenza di Attivazione. Il Compito di Vita e l'Evoluzione rappresentano il confine più esterno della tua vita mentre si manifesta nella forma. In antitesi, la Radianza e lo Scopo rappresentano le forze inconsce che motivano e guidano gli schemi dei tuoi Doni Primari esteriori. Ecco perché questo secondo Percorso genera una Rivelazione. Quando la tua consapevolezza scava più a fondo negli schemi Ombra, libera qualcosa che prima era nascosto.

Questo è ciò che intendiamo quando ci riferiamo alla luce nel tuo DNA, o allo "Scopo Superiore nascosto nel tuo DNA". C'è una grande quantità di energia potenziale immagazzinata in quelle spirali genetiche dentro di noi.

La Sequenza di Attivazione ha a che fare con la scoperta del nostro Genio. Questo Genio, come vedremo, non riguarda tanto un ruolo o un'abilità quanto piuttosto una qualità della coscienza.

Emerge come una scossa che passa attraverso il corpo fisico, ed è diversa per ognuno. Per alcuni arriva tutta in una volta, mentre per altri emerge col tempo. Per la maggior parte delle persone, la Rivelazione è un processo continuo. Si tratta di una "scoperta" che va e viene man mano che la contemplazione si fa più profonda.

Alcune rivelazioni vengono sperimentate sotto forma di intuizioni mentali – per esempio una presa di coscienza quando uno schema di negazione cessa improvvisamente di esistere. Altre rivelazioni sembrano essere puramente emozionali e possono portare a sentimenti e stati emotivi intensi, spesso accompagnati dalle lacrime. Indipendentemente da come la sperimenti, sappi che la Rivelazione è un fenomeno principalmente fisico. Inizia con un'esplosione di luce da qualche parte, all'interno del mondo cellulare.

7. LA SFERA DELLA RADIANZA

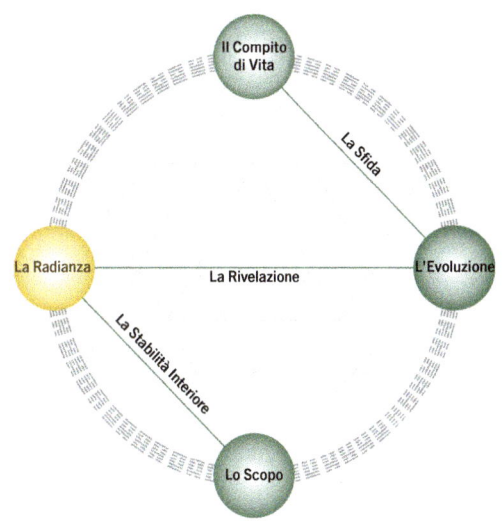

LA SFERA DELLA RADIANZA

Ti chiederai come sia possibile che dentro di noi ci sia della luce bloccata. Può sembrare una cosa fantastica o addirittura stravagante. La verità è che ogni forma nell'universo è fatta di luce. Il vuoto attorno alla forma è l'oscurità da cui la forma emerge come luce. I due principi appartengono l'uno all'altro, nascono costantemente l'uno dall'altro e si definiscono reciprocamente allo stesso tempo.

Nella tua forma – cioè nel corpo che ti avvolge – mentre leggi queste parole, arde una grande luce interiore. L'evoluzione fisica avviene quando questa luce attraversa collettivamente tutte le forme umane, facendoci progredire nella comprensione, sollecitandoci non solo a sopravvivere ma anche a prosperare come specie.

Tuttavia, l'evoluzione spirituale è alla base dell'evoluzione fisica. In effetti entrambe le forme di evoluzione fanno parte di un unico principio in cui l'evoluzione spirituale è come il seme a cui fa seguito l'evoluzione fisica che è il frutto. L'evoluzione spirituale emerge negli individui sotto forma di Rivelazione. La luce interiore trova il modo per uscire dal nostro DNA e inondare il corpo fisico.

Questo è ciò che chiamiamo Radianza. La Radianza determina la tua salute, la tua vitalità e qualcosa di ancora più nebuloso – la tua aura. L'aura è il riverbero elettromagnetico della tua essenza interiore. Non può essere vista direttamente a occhio nudo, ma può essere percepita dall'intuizione umana.

La Radianza funge anche da strumento nascosto del tuo intuito: ti avverte delle potenziali minacce presenti nell'ambiente energetico circostante. Come un navigatore GPS ti guida alla ricerca delle persone e delle esperienze corrette.

L'OMBRA

L'Ombra della Radianza è una delle più potenti forze interne che possono minare la tua vita.

Quando contempli la tua Radianza, devi esaminare a fondo questo schema poiché probabilmente rappresenta una forza motivazionale interiore che è al di là della tua percezione cosciente. Quando quest'Ombra governa la tua vita, ti ritrovi fuori sintonia rispetto ai ritmi naturali dell'esistenza.

La terra e tutte le sue forme si muovono in accordo con una profonda pulsazione nota come Risonanza Schumann. Si tratta di un impulso misurabile che sostiene tutta la vita organica.

La maggior parte degli esseri umani moderni vive una vita fuori sincronia rispetto a questo impulso organico, il che mette sotto stress il corpo e indebolisce il sistema immunitario.

Inoltre questo influenza in maniera sottile il modo in cui ci comportiamo nella quotidianità, sfociando in uno stile di vita frenetico e pieno di preoccupazioni e una prospettiva incentrata sul tempo, con una conseguente sfiducia inconscia nel flusso naturale dell'esistenza.

IL DONO

Uno dei primi segni di manifestazione della Radianza è che cominci a rallentare in modo naturale sia dentro di te che nella vita di tutti i giorni. Diventi un individuo più contemplativo. Questo non significa necessariamente che pensi di più alle cose, ma che ti senti sempre più a tuo agio nel corpo. Inizi a muoverti in armonia con la terra, radicandoti sempre più. La Radianza emerge come una luce che pulsa attraverso la tua aura, e più impari ad allineare il tuo corpo con la Risonanza Schumann, più i tuoi Doni diventano evidenti.

L'emergere della Radianza ha due effetti principali sulla tua vita. In primo luogo, acquisti più salute perché ti senti più sano dentro. La Radianza tenderà a guidarti verso abitudini più salutari, che potranno essere parte della tua Rivelazione. E, naturalmente, meglio starai e più sarai felice – e non per un motivo esterno – poiché il tuo sistema endocrino invierà segnali di benessere in tutto il corpo, il che comporterà, ad esempio, il rilascio di endorfine.

Il secondo effetto della Radianza è quello di catalizzare la buona sorte attraverso il principio di sincronicità. Il fatto di essere in armonia con l'immenso campo quantico sblocca lo Scopo più alto nel tuo DNA e il tuo vero destino inizia a rivelarsi.

LA SIDDHI

La Siddhi della tua Radianza è un'emanazione della tua essenza. Ci sono stati di coscienza oltre a ciò che chiamiamo Genio. Il Genio è una manifestazione dell'attivazione dei tuoi Doni, e al di là di questi si trova il regno delle Siddhi o "Doni Divini". La Siddhi della tua Radianza non è una cosa facile da spiegare a parole.

Nel corso della storia umana abbiamo sentito racconti di esseri umani che hanno brillato di una luce interiore radiosa. Nelle icone di arte religiosa vediamo spesso immagini di santi o Buddha con aureole intorno alla testa. Tali immagini non sono solo emblematiche, molte si basano su racconti di vita reale riguardo a fenomeni veramente accaduti a esseri umani viventi. Nell'era moderna dove, a partire dalla Rivoluzione industriale, tante persone hanno iniziato a vivere in disarmonia rispetto ai ritmi più ampi dell'esistenza, raramente vediamo esempi di vera radianza. Radianza. Mentre contempli la tua Radianza, mantieni dentro di te la possibilità che tali stati esistano. Basterà questo per aiutarti ad aumentare la frequenza della tua aura.

LE SEI LINEE DELLA RADIANZA

Linea 1 - Solitudine

La Radianza in linea 1 richiede solitudine per giungere alla Rivelazione. Tuttavia, la solitudine non deve essere una forzatura, ma deve diventare un amore profondo. Quando osservi la Chiave Genetica della tua Radianza, se hai una linea 1, considera come l'Ombra possa turbare la tua quiete interiore.

La solitudine non è un estremismo – piuttosto è uno stato interiore. Puoi vivere ottime relazioni e godere allo stesso tempo di una solitudine sconfinata. Quando il poeta Rilke scrisse: "errare dentro di sé e non incontrare nessuno per ore" intendeva esattamente questo. Più ti rilassi nella tua Radianza, più sei solo e allo stesso tempo connesso. È un paradosso meraviglioso.

Qualsiasi Radianza, indipendentemente dalla linea, inizia a rivelarsi attraverso un profondo amore per la solitudine. Il metro di misura della tua Radianza è quanto ti fa sentire vicino agli altri, anziché distante. Questa affermazione merita una profonda contemplazione. Se hai una linea 1 nella Radianza, allora avrai sicuramente bisogno di trascorrere del tempo da solo fisicamente – il che potrebbe avere un impatto su dove e come sceglierai di vivere.

Linea 2 - Matrimonio

Sebbene la Radianza della linea 2 sia denominata "Matrimonio", potrebbe non trattarsi proprio di un'interpretazione letterale. Tutte le seconde linee prosperano in relazioni uno-a-uno, ma ciò può significare molte cose.

La tua Radianza necessita di un biofeedback – al contrario della linea 1 che si manifesta nella solitudine. Questo significa che la tua Radianza potrebbe emergere quando sei nella natura o quando sei in movimento o in entrambi i casi. Semplicemente hai bisogno di essere in un rapporto intenso con qualcosa o qualcuno.

Quando osservi la Chiave Genetica della tua Radianza, contempla come potrebbe fluire in maniera naturale nelle tue relazioni. Cosa ti piace fare? Con chi ti piace stare? A cosa vorresti unire la tua forza vitale? Queste sono le domande da considerare perché sono i possibili modi per esprimere la tua Radianza.

Le linee 2 spesso trovano una cosa, una persona o un posto che le illumina, e fino a che non dirigono la loro attenzione a quella relazione, la Radianza resta in un certo senso scollegata.

Linea 3 – Interazione

Come la linea 2, anche la linea 3 della Radianza ha bisogno di un riscontro, ma in un modo completamente diverso. La terza linea ha bisogno di diversità e cambiamento rispetto alla seconda linea che necessita di esclusività. Se hai una Radianza in linea 3, probabilmente fiorirai quando sei in movimento. Potrebbero piacerti i viaggi, oppure potresti prediligere un luogo perché ti offre tanta varietà. È facile che la terza linea ami l'ambiente urbano con le sue molteplici possibilità tanto quanto la natura selvaggia.

Nel tuo caso la Radianza ha interamente a che fare con l'interazione. Non tanto con i risultati dell'interazione ma con lo scambio – che si tratti di idee, esperienze, conoscenze, affari ecc. La terza linea nella Radianza vuole sentire il brivido della vita. Ha bisogno di passare attraverso ogni tipo di esperienza senza per questo attaccarsi troppo a nessuna esperienza in particolare. La Rivelazione potrebbe arrivare nel momento in cui lasci andare l'idea di avere obiettivi o aspettative e semplicemente ti godi il viaggio attraverso le varie fasi della vita.

La tua linea 3 nella Radianza ti condurrà attraverso tutti i tipi di esperienze che, se considerate nel complesso, potranno renderti una persona molto compassionevole. Per questo motivo, molte persone con una linea 3 finiscono per aiutare chi è meno fortunato di loro.

Linea 4 – Amicizia

La Radianza della linea 4 rappresenta il Percorso umanitario. È una Radianza radicata nella solitudine, ma diretta verso l'esterno, per dare soprattutto aiuto al prossimo. Con una Radianza in linea 4 avrai la capacità magnetica di attirare a te le persone. Ironicamente, alla frequenza Ombra questo aspetto ti remerà contro, perché attirerai le persone che non sono benefiche per te. Tuttavia, alla frequenza più elevata, potrai essere il punto di riferimento per tutti gli individui di talento.

Se hai una linea 4 nella Radianza, hai il potenziale per essere una persona molto influente, e più le tue aspirazioni sono pure, più la tua influenza si estenderà. A livello personale, il tuo corpo prospera quando sei in compagnia di coloro che ami e di cui ti fidi. La cosa peggiore che puoi fare è tagliarti fuori dalla tua comunità. Grazie alla sua facilità di approccio, la linea 4 possiede spesso capacità interpersonali estremamente raffinate e prospera nei lavori di gruppo. Al suo livello più alto, la linea 4 della Radianza può toccare e aprire i cuori delle persone.

Linea 5 – Impatto

La linea 5 della Radianza ha uno Scopo superiore progettato per avere un ampio impatto nella società. Tra tutte le linee, la linea 5 della Radianza è la più seducente e misteriosa. Se hai una linea 5 nella Radianza, le persone avranno sempre la sensazione che ci sia qualcosa di speciale in te e che tu possa in qualche modo aiutarle. Non importa quale sia il tuo ruolo nel mondo esterno – le persone sono attratte dalla tua essenza interiore. Se rifuggi dal tuo potere, la tua luce rimarrà nascosta sotto un moggio[5].

Essendo una linea 5, potresti pensare che gli altri abbiano aspettative irrealistiche nei tuoi confronti – e potrebbe anche essere vero – ma non dovresti permettere che questo ti impedisca di avere un impatto positivo sul mondo. Sei un leader naturale e il tuo Dono cercherà sempre uno sbocco pratico. Finché rimarrai assolutamente chiaro con te stesso e con gli altri su ciò che prometti, la tua reputazione continuerà a crescere.

La linea 5 ha un grande potenziale nell'era tecnologica attuale, poiché ha, in maniera del tutto naturale, un ampio raggio d'azione. Mentre contempli i tuoi Doni considera come potresti utilizzarli in questo modo, per apportare cambiamenti e trasformazioni benefiche in qualsiasi area sceglierai.

Linea 6 - Nutrimento

Se hai una Radianza in linea 6, è probabile che nutri un sogno nel profondo del tuo essere. Questo sogno potrebbe essere cresciuto con te sin dall'infanzia, ed è un sogno che richiede nutrimento continuo. Il tuo sogno subirà molte mutazioni nel corso della tua vita, ma è importante che non rinunci alla speranza. La tua Radianza contiene gli ingredienti energetici del magnetismo e dell'esperienza che sono indispensabili per realizzare quel sogno.

Con una linea 6 potresti anche non avere una chiara immagine del sogno dentro di te, sebbene è probabile che tu ne senta la presenza. Perciò devi avere molta pazienza mentre tale sogno si rivela. Ogni esperienza che arriva è un'opportunità per levigare e affinare quel sogno, definendolo sempre meglio.

(5) N.d.T. riferimento al Vangelo secondo Matteo 5:14-15

Alcune esperienze sembrano addirittura rompere la forma del sogno per poi ricrearlo in modo più chiaro e pratico.

Con una linea 6 nella Radianza, il tuo Dono è progettato per emergere nel lungo periodo – come un impulso all'avanguardia nell'evoluzione umana. Per questo motivo, devi avere una visione a lungo termine e continuare a nutrire il tuo profondo intento di essere al servizio del Tutto. Col tempo, il sogno si manifesterà e il tuo ruolo all'interno del quadro generale diventerà completamente chiaro, sia a te stesso che agli altri.

8. LA VIA DELLA STABILITA'

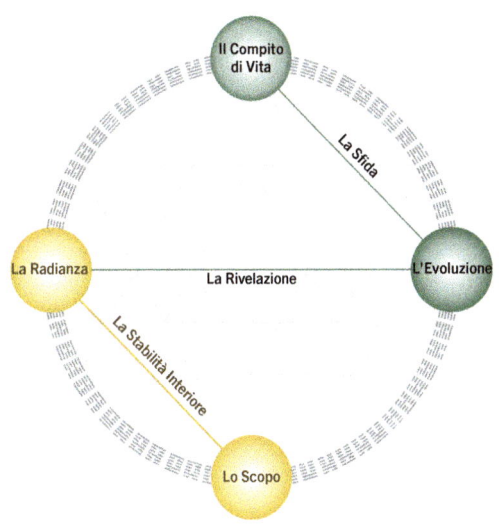

IL PERCORSO DELLA STABILITA'

La Stabilità (o Centratura N.d.T) è la potenziale ricompensa della Rivelazione. La Sequenza di Attivazione si basa sul modo in cui gestisci le sfide della tua vita. Indipendentemente da chi sei e dove vivi, la vita ti lancerà sempre delle sfide. Questo principio fa parte dell'evoluzione stessa. Dobbiamo abbracciare il cambiamento, altrimenti vacilleremo. Il modo in cui gestiamo la Sfida del cambiamento determina se questa si tramuterà in una Rivelazione, un crollo oppure una rottura[6].

Le Chiavi Genetiche ci insegnano che il nostro potenziale per prosperare nella vita dipende dal saper mantenere un atteggiamento di frequenza elevata, e questo avviene quando permettiamo, accettiamo e abbracciamo le nostre parti Ombra. Quando siamo in grado di farlo, le nostre sfide ci rendono più forti e radicati anziché pieni di risentimento e oppressi. Ogni volta che permettiamo a un nostro schema Ombra di essere trasformato, il nostro Genio si incarna un po' di più nel mondo.

La Via della Stabilità ci porta a essere più radicati e a nostro agio nel corpo fisico e ci allinea maggiormente con le profonde correnti magnetiche che attraversano e circondano la Terra. Non è questione di essere più solidi, ma di aumentare la nostra capacità di saperci porre in modo corretto e appropriato in relazione a eventi esterni e interni.

Stabilità significa forza interiore. Nell'animo si tratta di rispondere alla vita piuttosto che reagire a essa. Nel mondo esterno, la Stabilità ha più a che fare con la forza elastica e flessibile dei legamenti, dei tendini e persino delle ossa che non con la potenza muscolare. Nella sfera sociale, la Stabilità richiede un profondo rispetto per i propri antenati e la loro cultura, e allo stesso tempo la capacità di vedere oltre questi

---

(6) evidente gioco di parole in inglese con il verbo break: breakthough, breakdown, break-up

confini. La Stabilità è uno stato di equilibrio dinamico e di chiarezza compassionevole che si manifesta ogni volta che una persona inizia a vivere e muoversi dalla profondità della sua essenza.

La Via della Stabilità collega le due partners di programmazione conosciute come "Radianza" e "Scopo". Queste 2 sfere e le loro Chiavi Genetiche rappresentano le forze inconsce che ti spingono lungo la linea del tuo destino.

Come un surfista che cavalca un'onda gigante, devi imparare a correggere costantemente la postura, l'equilibrio e la direzione per far fronte all'imprevedibile ondata primordiale della natura sottostante. Prima che si possa manifestare la Rivelazione, è necessario che un grande impulso di consapevolezza raggiunga le profondità oceaniche del tuo inconscio. Questo è ciò che accade quando affronti direttamente le sfide della vita senza comportarti da vittima. Raggiungendo i recessi più remoti del tuo potenziale invisibile, liberi la luce che c'è dentro di te.

La Stabilità è sia un processo che un diritto acquisito alla nascita.

Devi rivendicare il diritto al tuo vero Scopo piuttosto che sprecarlo attraverso il compromesso e la paura. Ognuno di noi è qui per portare qualcosa di potente nel mondo, e la Via della Stabilità è il canale interiore lungo il quale quel potere e quello Scopo un giorno si manifesteranno.

9. LA SFERA DELLO SCOPO

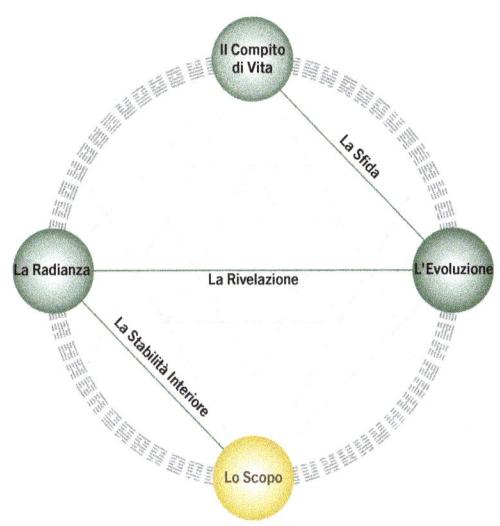

LA SFERA DELLO SCOPO

Quest'ultimo step completa il nostro viaggio attraverso la Sequenza di Attivazione e i nostri 4 Doni Primari. Contempliamo ora il nostro Scopo. Quando osservi la Chiave Genetica del tuo Scopo con la sua linea corrispondente, potrai constatare con sollievo che lo Scopo non ci mette sotto pressione per ottenere o raggiungere qualcosa, ma riguarda piuttosto l'affidarsi completamente a una qualità che si trova già dentro di noi.

Immagina te stesso nel momento di massimo relax e avrai un'idea di come potrebbe essere la tua vita vissuta attraverso questo senso di Scopo superiore.

La Sequenza di Attivazione consente di intraprendere un viaggio. È un promemoria costante del fatto che la vita è più semplice di quanto la creiamo noi. Gli stati superiori sono in realtà molto più vicini di quanto pensiamo. Uno dei segreti delle Chiavi Genetiche consiste nell'utilizzare il potere dell'immaginazione per riorganizzare la propria vita. Crei una nuova versione di "te" visualizzando la tua vita in un modo più semplice e più bello. Più spesso riesci a richiamare alla mente questa visione, più questa diventa pervasiva.

Il Sentiero Dorato non è un Percorso difficile, è un dolce incedere nelle misteriose trame della coscienza. Dobbiamo ricordarci di essere giocosi e pazienti, in modo da essere sempre ricettivi alla comprensione. Non è importante il tempo che impiegherai per metabolizzare questi insegnamenti. L'unica cosa che conta è che tu possa portare alla luce una nuova visione di te stesso, alimentando costantemente il fuoco che la anima. Ricordati sempre che ogni Ombra contiene un Dono, e che ogni volta che incontri una difficoltà nella vita, hai davanti una grande opportunità di trasformazione.

Quando ci addentriamo nel profondo di noi stessi, giungiamo sempre alla riflessione sullo scopo. Una delle caratteristiche straordinarie degli esseri umani è quella di porsi questa domanda: Qual è il mio scopo? Forse ci poniamo questa domanda solo quando non stiamo ancora compiendo il nostro Scopo più elevato.

Le Chiavi Genetiche parlano di uno Scopo superiore opposto al semplice concetto di scopo.

Quando contempliamo la questione relativa al nostro scopo, spesso la consideriamo in base a quello che facciamo. Fare, tuttavia, è solo la conseguenza di ciò che siamo.

Qui, al termine della Via della Stabilità e alla base della stessa Sequenza di Attivazione, c'è la potenziale risposta alla più antica delle domande.

Lo Scopo non riguarda ciò che facciamo. Si tratta della qualità della nostra coscienza. Quando inizi a contemplare la Chiave Genetica che si riferisce al tuo Scopo, considerala come la fragranza della tua più profonda Essenza Interiore. Il tuo vero Scopo si trova oltre la percezione cosciente, poiché è nascosto nel tuo DNA. Il tuo Scopo è stato progettato per essere rivelato dalla vita stessa: ti chiede di evolvere attraverso le tue sfide ed emerge progressivamente nel corso dell'esistenza, mentre passi attraverso la Rivelazione e la trasformazione.

Il tuo Scopo ha un'altra qualità unica – rappresenta l'essenza della tua umanità, della tua meravigliosa normalità e dell'amore che provi per il solo fatto di essere vivo dentro un corpo, su questo piano fisico. Quando guardi le 6 linee dello Scopo noterai che tutte riguardano aspetti ed elementi del funzionamento del corpo fisico. Come essere umano, il tuo Scopo è quello di riempire il tuo corpo con la coscienza, mentre lo scopo più profondo è semplicemente quello di essere.

L'OMBRA

Una delle cose più difficili da sperimentare per un essere umano è la semplice meraviglia di esistere. Quante volte durante una giornata interrompi quello che stai facendo per sperimentare un istante di puro "essere"? L'Ombra del tuo Scopo ti impedisce di farti vivere tali momenti e, diventando più consapevole del tuo vero Scopo, potresti rimanere sorpreso dalla frequenza con cui questi istanti si verificano e da quanto sia altrettanto facile lasciarseli sfuggire.

Quando contempli la Chiave Genetica che si riferisce al tuo Scopo, considera come, a livello inconscio, la sua Ombra ti tiene lontano dalla semplice gioia di essere vivo. A causa della profondità di questo schema Ombra, spesso è difficile vederlo in azione, anche se tenderà comunque a tormentarti in maniera costante. Al livello della frequenza Ombra non ti sentirai a tuo agio nel corpo e sicuramente non ti sentirai né stabile né calmo.

La Stabilità riguarda la capacità di rispondere ma, alla Frequenza Ombra, anziché rispondere reagiamo – reagiamo a causa della nostra instabilità perché non ci sentiamo sicuri e allineati con il nostro centro o con la natura. Inoltre, la reazione rafforza uno schema di bassa frequenza nel mondo, perché tende a innescare l'instabilità negli altri. Ecco perché è raro incontrare una persona che vive il suo Scopo Superiore. Molti possono pensare di farlo, ma la realtà dei fatti è inconfondibile. Vedere questo tipo di persona significa vedere un essere che conduce una vita da un punto di profonda calma, totalmente a suo agio nel mondo, e capace di comprendere compassionevolmente la sofferenza altrui. In qualche angolo remoto della sua intima essenza, si potrebbe allora scorgere un sorriso interiore pieno di umorismo empatico e di profondo appagamento. Tieni a mente queste belle qualità mentre contempli il tuo Scopo!

IL DONO

Se vuoi davvero sintonizzarti con lo Scopo più profondo della tua vita c'è un modo sicuro per farlo – passare più tempo ad ascoltare la natura. La nostra Stabilità sta nella capicità di sentire il pulsare della Terra dentro di noi.

Al centro della terra arde del metallo liquido che genera un campo elettromagnetico capace di influenzare tutte le forme di vita sul nostro pianeta. Così come il tuo Compito di Vita è il riflesso simbolico del sole esterno, il tuo Scopo è il riflesso simbolico di questo fuoco interiore segreto nel cuore della terra.

I tuoi Doni emergono quando ti sintonizzi con ciò che è nascosto dentro di te. Per accedere a questo regno inconscio, devi prestare attenzione agli archetipi e ai miti che scuotono il tuo spirito, e agli esempi di altre esistenze che per te sono fonti di ispirazione. Il tuo Scopo ha un forte legame con il passato, con il tuo DNA ancestrale e con la cultura in cui sei nato. I nostri Doni sono radicati nella memoria di un passato sia personale che collettivo.

È davvero importante riflettere sul fatto che i nostri Doni si manifestano solo quando arriviamo a patti con il nostro passato e impariamo a perdonare e ad accettare gli schemi Ombra che possiamo aver ereditato dai nostri genitori e nonni.

Come potrai constatare, il tuo Scopo rappresenta un altro portale che conduce alla Sequenza di Venere – il codice primario che sblocca tutti gli schemi emotivi radicati nel nostro passato. Ma prima di intraprendere la prossima tappa del viaggio lungo il Sentiero Dorato, occorre raggiungere un certo livello di calma interiore. Dobbiamo essere testimoni del Dono del nostro Scopo che prende vita nel nostro corpo fisico, anziché percepirlo semplicemente come un concetto mentale. Finché non riusciamo a toccare fisicamente questo

Dono e sentire che ci fornisce un nuovo livello di Stabilità, non siamo pronti per il prossimo passo nel regno volatile del piano emozionale.

LA SIDDHI

La Siddhi del tuo Scopo è speciale. È come un Dono che ti è stato fatto dagli dei affinché tu potessi portarlo sulla terra. Lo Scopo di questo Dono è sempre la guarigione. Questa Siddhi è la ragione della tua incarnazione, perché racchiude tutto ciò che sei chiamato a fare nella vita. Per questo motivo è il cuore stesso del tuo Genio. Nelle grandi leggende dell'antichità, possiamo ricordare storie di tesori o cristalli nascosti in volte sotterranee nelle profondità della terra. Spesso questo tesoro è custodito da una creatura mitica, come un drago, che deve essere combattuto e sconfitto.

La Siddhi del tuo Scopo è un'emanazione della Terra stessa. È un ideale che sei venuto a portare sul piano fisico. Pertanto, per trovare l'essenza interiore è necessario entrare e scendere attraverso l'Ombra, e tutta la vita è un'odissea per estrarre quest'oro.

Coloro che hanno il privilegio di prendersi il tempo per contemplare il proprio Scopo hanno una responsabilità speciale nei confronti della Terra: portare quell'essenza nel mondo. C'è ancora molta sofferenza su questo pianeta, e ogni volta che incarniamo anche solo un piccolo aspetto del grande ideale di un mondo migliore, adempiamo al nostro Scopo superiore. A livello della frequenza Siddhi il tuo Scopo non è più il "tuo" Scopo. Diventa un impulso collettivo altruistico a servire il Tutto.

Quando contempli la Siddhi del tuo Scopo, stai toccando con mano l'opportunità più profonda e nascosta della tua vita. Se anche non contemplassi nient'altro, solo questo sarebbe sufficiente a portare una potente trasformazione nella tua vita.

LE SEI LINEE DELLO SCOPO

Linea 1 – Fisicità (ossa)

Ricorderai probabilmente che la prima linea della tua Radianza ha bisogno di solitudine per giungere alla Rivelazione. Questa solitudine richiede inoltre che tu faccia particolare attenzione al tuo corpo fisico. Il corpo è stato spesso paragonato a un tempio, ed è esattamente così che la linea 1 deve considerarlo.

Se hai una linea 1 nello Scopo, la qualità di questa Chiave Genetica dovrà essere profondamente ancorata nella fisicità.

La tua vita sarà molto fisica, nel senso che la salute e la vitalità del corpo saranno di primaria importanza. Allo stesso tempo questo non significa solo essere puri, ma anche trovare il giusto equilibrio tra salute e piacere dei sensi. Con una linea 1 nello Scopo, sei qui per godere dei piaceri della vita come il buon cibo e l'attività fisica.

Sei qui per sentire i piedi che si bagnano al contatto con il terreno, come un cane felice che si rotola nell'erba bagnata. Ti accorgerai inoltre che questa linea riguarda le ossa – l'elemento strutturale della fisicità umana. Le ossa sono come cristalli, e ci collegano ai nostri antenati come un diapason che si mette in frequenza con le memorie.

Con una linea 1 nello Scopo sei chiamato a essere un custode dei misteri del passato. Ciò che emergerà in futuro ha bisogno delle tue solide basi per sopravvivere e prosperare.

Linea 2 – Postura (fluidi)

Ognuna delle 6 linee si erge sulle fondamenta della linea precedente. Quindi la linea 2 porta movimento e fluidità nella struttura del corpo e delle ossa.

Il segreto della linea 2 nello Scopo è la colonna vertebrale. È attraverso la spina dorsale che ritrovi la tua Stabilità, e la colonna vertebrale determina la tua postura fisica.

Il Genio, ad esempio, non fluisce nel mondo attraverso una postura ricurva, ma si esprime a gran voce attraverso un corpo che si è allineato internamente con il nucleo della Terra. La forza della colonna vertebrale sta nella sua flessibilità, e la tua Radianza emerge dalla fluidità dello Scopo. Questo non significa che il tuo Scopo sia in continua evoluzione, ma piuttosto che esso si realizza attraverso la gioia che provi stando in un corpo che risponde costantemente all'ambiente. La linea 2 è l'espressione di una struttura fluida, in contrapposizione alla staticità. Allo stesso tempo, la fluidità spesso implica anche la staticità sotto forma di pause.

Quando contempli la Chiave Genetica del tuo Scopo attraverso la linea 2, il Dono può emergere solo quando impari a lasciare che il tuo corpo segua i suoi ritmi interiori profondi e fluidi. Essere in armonia con la vita significa trovare la Via dell'assenza di sforzo, e questa è l'essenza del grande Dono della linea 2.

Linea 3 – Movimento (sangue)

Il cambiamento è l'essenza dell'insegnamento contenuto nell'I Ching, ed è la linea 3 che cavalca pienamente le correnti del cambiamento. Quando il tuo Scopo si manifesta attraverso la linea 3, significa che la tua Stabilità avviene col movimento e l'energia anziché con la quiete. Non si tratta della fluidità senza sforzo della linea 2, ma di un'energia dinamica, un'esplosione elettrica che ti spinge in una vita d'azione.

La linea 3 è simboleggiata dal flusso sanguigno all'interno del corpo, che dipende dal movimento e dal cambiamento. La tua è una vita ricca di viaggi, avventure ed esperienze. La linea 3 nella sfera dello Scopo ha inoltre bisogno di un intenso e regolare esercizio fisico per sentirsi viva e ben radicata.

È attraverso l'esercizio fisico che trovi la tua connessione con la terra e i suoi ritmi. Così come il sangue scorre ovunque all'interno del corpo, allo stesso modo il tuo Scopo si anima mentre attraversi i molteplici scenari del tuo destino – incontro dopo incontro.

Per molte persone, l'idea di Stabilità è collegata alla costanza, ma per la linea 3 nella sfera dello Scopo, la costanza può essere una forza che intrappola. La costanza non va confusa con l'impegno. L'impegno è fondamentale per ognuna delle 6 linee, ma nel concetto di impegno è possibile includere anche il cambiamento e la capacità di sapersi adattare.

Linea 4 – Respiro (ritmo)

È interessante contemplare ciascuna delle 6 linee dello Scopo indipendentemente da quelle presenti nel tuo Profilo Ologenetico. Ogni linea è un aspetto della Stabilità, e quindi vale per chiunque.

Le linee mostrano semplicemente quale delle 6 tematiche è maggiormente evidente nelle nostre vite.

Qui la linea 4 riguarda il respiro, con la sua capacità di portarci in armonia con un ritmo di vita più profondo.

L'aria che compenetra il tuo corpo è la stessa aria che compenetra tutti gli altri corpi viventi e quindi, a livello primordiale, il nostro respiro è ciò che ci collega gli uni agli altri. La linea 4 ha il Dono di connetterci col prossimo – che si tratti di persone o altre creature.

Se hai una linea 4 nello Scopo, questo ti porterà a entrare in comunione con gli altri in maniera naturale. La tua vera Stabilità deriva dalla connessione attraverso l'amicizia e il servizio. È probabile che tu ti senta maggiormente a tuo agio nel corpo e sulla Terra ogni volta che sei circondato da coloro che ami.

La linea 4 dello Scopo è percepita come un profondo bisogno di portare gli altri in uno stato di armonia, unendo tutti in un unico ritmo di respiro. Quando riunisci le persone, dopo un po' di tempo il gruppo sviluppa un proprio schema respiratorio, il che può essere un'esperienza straordinaria.

Il grande potenziale della linea 4 è proprio questo: mettere insieme l'umanità per realizzare l'unità.

Linea 5 – Voce (frequenza)

Con la linea 5, ci spostiamo dal sistema respiratorio al sistema nervoso e dal respiro alla voce. La linea 5 usa il ritmo del respiro, e vi aggiunge vibrazione e tono.

Qui tutto ruota attorno alla voce umana. Quando consideri la linea 5 nella sfera dello Scopo, stai osservando un Dono che deve essere condiviso ed espresso con la parola. La linea 4 si riferisce alla connessione cuore a cuore – che può essere comunicata verbalmente oppure no. La linea 5 riguarda invece l'impatto, e questo significa che l'essenza dello Scopo dev'essere fatta vibrare sotto forma di frequenza.

Con una linea 5 nello Scopo, la tua Stabilità è collegata al modo in cui comunichi con gli altri. Se stai vivendo una brutta giornata, scoprirai che tutto ciò che dici semplicemente peggiora le cose, perché è attraverso la tua frequenza che consolidi o perdi la tua Stabilità.

È sempre possibile riguadagnare tale Stabilità mediante l'uso del suono – ad esempio recitando dei mantra o cantando. Tutto questo è in grado di riportarti immediatamente in allineamento con il tuo Scopo, che è un campo energetico vivente. Un altro aspetto del tuo Scopo riguarda l'uso della tua voce per organizzare o migliorare un particolare ambito dell'esistenza.

In questo caso lo Scopo viene raggiunto attraverso una qualche forma di leadership.

Linea 6 - Intento (cellule)

Quando arriviamo alla linea 6, si può intendere lo Scopo come una consapevolezza cellulare che viene trasmessa in tutto il corpo fisico. La linea 6 porta sempre a conclusione la storia delle altre linee. La nostra frequenza è ancorata nelle cellule – sia che si tratti di una frequenza Ombra o della massima emanazione della Siddhi.

Se hai una linea 6 nello Scopo, allora la tua realizzazione scaturisce dalla comprensione che è davvero attraverso la tua aura che comunichi. Sebbene la linea 5 porti lo Scopo nel mondo attraverso linguaggio e tono, la linea 6 lo porta attraverso un senso di presenza. Indipendentemente da come esprimi lo Scopo, esso viene trasmesso attraverso l'intento della frequenza della tua aura.

Ognuna delle 6 linee dello Scopo ha a che fare con una diversa manifestazione di consapevolezza nel corpo. La linea 6 porta la percezione nel profondo delle cellule, negli angoli più remoti del corpo fisico, dove viene percepita come un campo energetico che circonda il corpo. Si tratta dell'aura. Quando si parla di Scopo, questo campo permette alla percezione di andare oltre la sensazione di separatezza puramente fisica e di aprirsi al potenziale futuro di un nuovo tipo di consapevolezza dell'essere umano.

Questa nuova consapevolezza è l'intento evolutivo di sperimentare l'unità di tutte le forme di vita.

10. LO SCOPO DI VITA

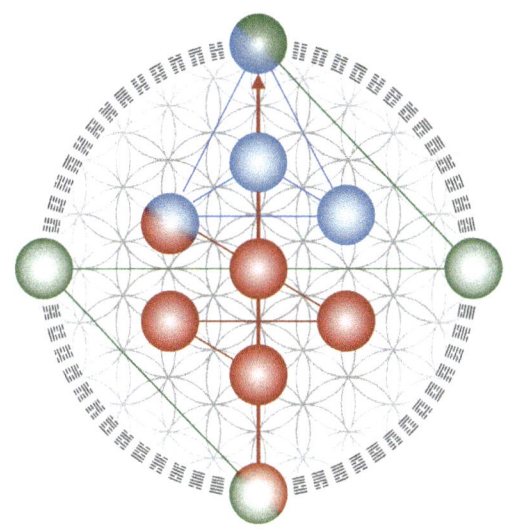

LA SEQUENZA DI ATTIVAZIONE E LO SCOPO DI VITA

Congratulazioni. Sei arrivato alla fine della Sequenza di Attivazione. Eppure, come tutte le grandi avventure, si tratta solo dell'inizio. Il Sentiero Dorato non è qualcosa che "finisce". È un viaggio dentro il mistero che dura tutta la vita.

Inoltrandoti sempre più in profondità nella Sequenza di Attivazione, potresti iniziare a percepire qualcosa di piuttosto speciale riguardo al vero Scopo della tua vita – e di ogni forma di vita in realtà. Quando sperimenti un'autentica Rivelazione attraverso la contemplazione, accade che tale evento, anziché farti sentire in qualche modo "più in alto", ti riporti più a contatto con la Terra, permettendoti di scoprire che puoi stare sempre meglio nel morbido involucro del tuo corpo fisico. La Sequenza di Attivazione ha lo Scopo di liberare il respiro profondo che trattieni nella pancia e ti aiuta a ricordare che lo Scopo che stiamo realmente cercando può essere trovato nel corpo, attraverso un semplice stato di consapevolezza rilassata e di presenza.

Le Chiavi Genetiche parlano di uno Scopo Superiore come realizzazione di una qualità di coscienza unica per il nostro corpo e la nostra chimica. La coscienza è la stessa, ma l'esperienza e la lente che tale coscienza usa sono diverse da persona a persona. In te c'è una meravigliosa qualità sottile che ti distingue da tutti gli altri, e quando porti il ricordo di questa qualità nel tuo essere attraverso il respiro, inizi a comprendere davvero cosa significhi la parola Scopo.

LA VIA DELL'INDIVIDUAZIONE

Nel tuo Profilo Ologenetico c'è una Via che collega direttamente lo Scopo al tuo Compito di Vita, e sebbene questo non sia uno dei tracciati che compongono il viaggio del Sentiero Dorato, è un Percorso di integrazione che si manifesta semplicemente procedendo lungo il sentiero stesso. Si tratta della Via dell'Individuazione.

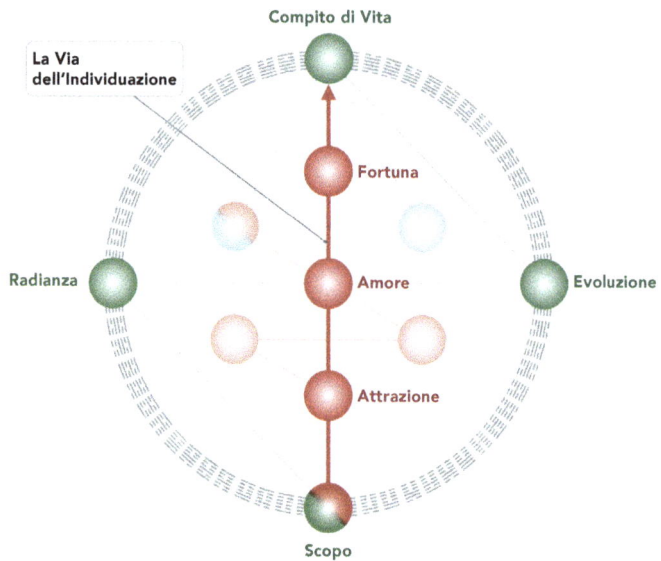

Man mano che assimili gli insegnamenti della Sequenza di Attivazione, puoi iniziare ad avere un assaggio di questo Percorso che si apre nel tuo DNA. Continuerà ad aprirsi mentre segui il Sentiero Dorato verso la Sequenza di Venere e la Sequenza della Perla, che attraversano entrambe questa colonna centrale. Quando la tua contemplazione avrà percorso l'intera lunghezza del Sentiero Dorato, questa Via dell'Individuazione si sarà espansa in maniera significativa nella tua coscienza. L'intero Scopo di questi insegnamenti è di portarti a un punto di individuazione – quel luogo semplice e bellissimo di profonda calma ed equilibrio interiore. Per un approfondimento sull'individuazione si rimanda all'introduzione di questo libro.

CONCLUSIONE

Avrai sicuramente compreso che il Sentiero Dorato è concepito per essere un Percorso di Auto-Illuminazione. Il suo vero potere sta nel fatto che si attiva dentro di te attraverso una costante contemplazione.

Detto questo, il Sentiero Dorato si presta anche a tutti i tipi di approcci. Potresti sentire il bisogno di guidare gli altri attraverso la loro Sequenza di Attivazione – o una qualsiasi delle Sequenze che compongono il Sentiero Dorato. È sempre una cosa nobile voler aiutare le persone in questo modo.

Come primo esploratore di questa saggezza, il mio unico desiderio è che sia innanzitutto tu a percorrere tutto il Sentiero Dorato per te stesso, prima di provare a guidare gli altri. Il vero segreto di questi insegnamenti è costituito dalla pazienza e dal tempo.

Due anni di contemplazione del Sentiero Dorato sono il requisito minimo per chiunque desideri essere una guida per gli altri. Più permetti alla saggezza di penetrare in profondità nelle tue cellule, nelle tue relazioni e nel tessuto della tua vita quotidiana, più sarai in grado di esprimere a gran voce la sua verità.

Quindi, per favore, sii paziente e prenditi il tempo. Studia gli strumenti aggiuntivi che vengono forniti con la versione online del Programma – i numerosi audio, i video e i webinar. Questo programma contiene intuizioni e comprensioni che miglioreranno notevolmente la tua capacità di capire e guidare gli altri. Le Chiavi Genetiche sono innanzitutto e principalmente un insegnamento che parla di qualcosa da incarnare nel corpo, e quindi tieni conto di questo se un giorno vorrai diventare un Ambasciatore delle Chiavi Genetiche.

Il Sentiero Dorato è anche una conoscenza collettiva che può essere ancora più potente se contemplata in gruppo. Contemplare ogni Sfera e ogni Via sia individualmente che in gruppo, è un'esperienza molto potente. Quando arriverai a contemplare gli insegnamenti della terza parte del Sentiero Dorato – la Perla – scoprirai il potere del risveglio collettivo. Il supporto di un gruppo sostiene il tuo processo di auto-illuminazione e accelera le tue rivelazioni.

Comunque tu decida di percorrere il tuo Sentiero Dorato, ti auguro ogni bene per il tuo viaggio.

LE CHIAVI GENETICHE
IL SENTIERO DORATO
L'AMORE
Guida alla Sequenza di Venere

UN PERSONALE INVITO DA RICHARD RUDD

Ora che la tua contemplazione ha iniziato a far emergere una comprensione del tuo Profilo Ologenetico, ti invito a immergerti ancora più a fondo, percorrendo la Sequenza di Venere.

La Sequenza di Venere è una contemplazione più lunga ed estesa il cui Scopo primario è quello di ammorbidire il cuore, aprendoti a nuove e inimmaginabili possibilità, sia nella tua vita personale che lavorativa.

La Sequenza di Venere è uno degli aspetti più impegnativi ed edificanti del lavoro con le Chiavi Genetiche. Ci vuole coraggio e pazienza per ridare vita al nostro cuore, ma le ricompense sono veramente straordinarie, come testimoniano coloro che ci hanno preceduto.

Vorrei quindi incoraggiarti a distinguerti dalla folla e a fare il salto audace in questa profonda guarigione del cuore. Hai la mia parola che si tratta di una delle rivelazioni più potenti che mai incontrerai, e che avrà implicazioni di vasta portata in tutte le tue relazioni.

Ti auguro amore e benedizioni nel proseguio del tuo viaggio….

Richard Rudd

genekeys.com

INFORMAZIONE E SUPPORTO PER LE CHIAVI GENETICHE IN ITALIANO

Per maggiori informazioni e supporto su le Chiavi Genetiche in italiano o in altre lingue, visita la pagina Risorse Linguistiche su genekeys.com/language-resources. Lì troverai materiali tradotti, informazioni sulle nostre guide le Chiavi Genetiche in italiano e su come accedervi, oltre ad altre guide da tutto il mondo. Puoi anche iscriverti per ricevere informazioni su eventi e nuove uscite in italiano e in altre lingue.

Per saperne di più, visita genekeys.com/language-resources

ALTRI LIBRI DI RICHARD RUDD

  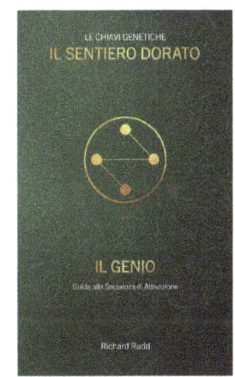